识干家

日進日新 學以致用

白酒营销1

中小酒企操盘与崛起

徐伟 徐涛◎著

天津出版传媒集团
天津人民出版社

图书在版编目（CIP）数据

白酒营销．1，中小酒企操盘与崛起／徐伟，徐涛著
．-- 天津：天津人民出版社，2020.8
ISBN 978-7-201-16232-4

Ⅰ．①白… Ⅱ．①徐… ②徐… Ⅲ．①白酒-市场营销学-研究-中国 Ⅳ．①F724.782

中国版本图书馆 CIP 数据核字（2020）第 122683 号

白酒营销 1：中小酒企操盘与崛起
BAIJIU YINGXIAO 1：ZHONGXIAO JIUQI CAOPAN YU JUEQI
徐伟　徐涛　著

出　　版　天津人民出版社
出 版 人　刘　庆
地　　址　天津市和平区西康路 35 号康岳大厦
邮政编码　300051
邮购电话　（022）23332469
网　　址　http://www.tjrmcbs.com
电子邮箱　reader@tjrmcbs.com

责任编辑　王昊静
策划编辑　马　优
装帧设计　仙　境

印　　刷　河北宝昌佳彩印刷有限公司
经　　销　新华书店
开　　本　710 毫米×1000 毫米　1/16
印　　张　19
字　　数　264 千字
版次印次　2020 年 8 月第 1 版　2020 年 8 月第 1 次印刷
定　　价　99.00 元

导读

白酒行业在近几十年的发展中，经历了“计划经济时代百花齐放”“改革开放经销商为王”“21世纪品牌聚焦”三大阶段。在各个阶段中，厂家、经销商面对市场风云变幻，摸不透变化趋势，就会走各种各样的弯路，甚至有的品牌、经销商已经成了历史。

白酒行业的新机遇即将来临，谁能在这一波新机遇中把握趋势、调整自我就可以迎来新的发展期，就可以在自己的“白酒区域”内占有重要地位，成为新的王者。如何具体操作？本书将给您答案。

本书作者结合自己二十多年的白酒从业经验，从市场出发，以实战为主撰写本书，对行业进行深度分析和解析。本书不仅是向广大白酒业的前辈致敬，也是把自己的心得体会与广大读者分享。

本书主要分为两大部分，即实战思考篇与操作方法篇。在实战思考篇中，重点介绍了白酒品牌突围之路、白酒行业的品类营销趋势、区域市场破局全景解析、光瓶酒操作案例分享、区域市场破局实战分析、解密了白酒行业品牌买断运营、后危机时代下酒类企业的营销创新及酒企案例等内容。作者把自己对白酒行业发展变化的看法进行了详细阐释，对于新一轮白酒财富新机遇和如何成为真正意义上的白酒大商进行深度分析和解析。

在操作方法篇中，重点阐述了市场“五化”管理模型、新品上市操作宝典、激活新品牌新市场四大法宝、光瓶酒县级市场100天销售2万件方法、小区域高占有4×4深度动销模型、区域市场5×5组织管理工具、区域经理促销管理实战宝典、酒店餐饮渠道促销操作7连环、乡镇市场的货是这样铺的及保健酒市场的4大趋势与4个思考等一大批实用性操作方法，这些方式方法在历次实战中取得了良好的效果及业绩。

本书适合白酒行业的从业者，不论您是老板或厂家营销人员、区域经理还是经销商，希望本书都能给您带来启迪和帮助。

目 录
Contents

第一篇　实战思考篇

第一章

消费者培育活动

以区域为中心，综观全国范围内的白酒竞争可以用群雄逐鹿来形容。尤其是以北京为代表的全国政治文化中心和以省会为代表的区域政治文化中心城市市场更是竞争激烈。

无论哪个白酒品牌进入一个新市场后，总是会遭遇到强烈的围攻。这种围攻既有本土品牌声嘶力竭防守式的进攻，也有全国品牌奋起直追式的驱逐性围攻。竞争品牌总是能采用相同的或者比自身品牌更加偏激的手段来掠夺市场份额。这种群雄逐鹿的现象在大部分区域市场表现明显。例如众多省会城市的白酒市场，在每一个价格带、每一个渠道都聚集着多个白酒品牌。各种品牌在狭窄的竞争空间中刀光剑影，虽然胜出的不一定是名酒，但往往是传播方式塑造方法独特的品牌。

在群雄逐鹿的激烈竞争环境中，实行战略转移、甩开竞争对手围攻是必然的突围方向。鉴于此，我们分别针对进取型品牌和成熟型品牌所面临的竞争对手围攻展开研究。

第一节　进取型品牌的突围之路

在区域市场中进取型品牌境遇尴尬，于是从众多的成熟品牌包围中脱离出来成为进取型品牌的必修课。那么，进取型品牌该如何寻找自己的品牌成长之路呢？

1. 细分区域，进取型品牌生存环境抉择

进取型品牌在区域市场中的处境是前有堵截、后有追兵。在波涛汹涌的市场竞争环境中，企业的资源总是有限的。参与激烈的市场竞争，资源投入无法保证持续稳定支撑；不参与激烈的市场竞争，品牌便龟缩

在市场的角落里，永远没有展示的机会。因此，寻找进取型品牌合适的市场环境是进取型品牌突破竞争的核心。基于此问题，进取型品牌必须把市场目光放得足够长远，可以从目前被边缘化的市场寻找适合自己品牌成长的环境，彻底回避围攻品牌的挤压，也可以从目前竞争相对较弱、渠道盲点明显的某个细分市场做起。只有摆脱成熟品牌竞争的漩涡，保持自身品牌的生命力才能有机会突围。例如：湖北稻花香集团旗下关公坊品牌，在武汉市场运作之初，品牌力和产品力都不是太强势，其没有选择在武汉城区与枝江、黄鹤楼、白云边等成熟品牌直接对抗，而是选择武汉周边的郊区，以农村包围城市的深度分销策略切入市场。武汉郊区的市场因为成熟品牌关注度相对不高，关公坊牢牢抓住这个机会，在郊区市场全面成熟后反扑渗透武汉城区市场，短短几年的时间就从名不见经传的小品牌成长为湖北区域重量级的白酒品牌。

2. 形象先行，品牌攻关

进取型品牌虽然在资源上相对欠缺，但是在品牌形象上，必须对此加以重视并拿出有效的方法进行运作。成熟品牌因为强大，注重销量，恰恰忽略了形象。在品牌突围中，进取型品牌恰当地运用品牌形象攻关，可以达到品牌造势的目的，从而跻身强势品牌之列，引起消费者的好感。如今是品牌制胜的年代，任何成熟品牌在成长的过程中都走过品牌塑造的路，只是年代不同表现方式不同罢了。例如：安徽宣城的宣酒自 2009 年进入合肥市场，其总销量虽然并不大，但其品牌传播的攻势却很明显。宣酒在宣城是本土成熟品牌，但是其开发合肥市场面临严重的品牌知名度问题，为了能改变并树立宣酒在消费者心中的形象并提高其知名度，其先是聘请李幼斌为其品牌形象代言人，同时在合肥开展多种渠道传播和品牌传播活动来进行品牌公关。在市场调研中我们发现，在合肥市场销量并不大的宣酒的品牌美誉度相当高，这足以证明其品牌形象的塑造是成功的，假以时日必定会在市场上有所表现。

3. 锁定核心渠道，发挥单一渠道操作模式最大效能

固化操作模式、占领单一渠道是进取型品牌的生存要害。弱势品牌本身自有的资源不多，可以借助的市场资源也不多，只能选择以退为进的市场策略。固化渠道模式、占领单一渠道可以有效地集中资源，在该渠道中做到最好，形成自己独特的品牌竞争力。同时，进取型品牌的生存根基是细致的市场管理和周到的市场服务，如果没有这些，那么进取型品牌就没有任何理由在市场上生存、发展。例如：合肥市场的“迎驾贡酒”来自安徽霍山，当年来合肥操作之初，市场上很难看到迎驾品牌光鲜的身影。但是，迎驾进入合肥市场后，就一头扎进酒店渠道，在酒店渠道将自身资源最大化聚焦，配合其在多个市场操作后相对成熟的酒店盘中盘渠道模式进行细化管理操作，将酒店渠道牢牢封锁，密不透风，以至于其他品牌兜里揣着钱都没有酒店做。在此期间，迎驾虽然遭遇口子窖、种子、古井、文王等徽酒品牌的前挤后压，却一路过关斩将，同样是在短短几年的时间里，迎驾就跃升为销量第一的徽酒品牌。

第二节　成熟型品牌的突围之路

成熟型品牌在市场上风光无限的时候，也是其危机四伏的时候。如果不能正确面对竞争品牌的围攻，将会在不知不觉中被竞争者蚕食。竞争品牌的围攻有的来自势均力敌者，有的来自进取型品牌的游击骚扰。成熟型品牌如何防御竞争品牌的围攻呢？

1. 锁定环境，制造绝对竞争优势

成熟型品牌作为市场的领导者，与其说是达到了企业的目标，不如说是企业新起点的开始。进入领导品牌阶段，企业的经营等于从头开始，这个时候就必须密切关注市场上竞争对手的渠道、价格、品牌的动向，随时锁定竞争对手的价格变化、渠道和品牌攻势变化，实现区域内的绝对优势建立，扼杀竞争对手品牌于萌芽阶段。例如：河北的本土品牌板城烧锅酒是较早在石家庄市场成熟的本地品牌，由于企业体制及营销思路的问题，其没有对同样为地产品牌的衡水老白干和山庄老酒的成长给予竞争性遏制，导致自己核心市场失守，最后形成三足鼎立的市场格局，目前由于另外两家品牌的快速发展并不断蚕食板城品牌的市场份额。由此可见，成熟产品必须时刻保持防御性的突围意识，才能立于不败之地。

2. 持续不断的品牌创新，建立品牌壁垒、诉求领导地位

白酒品牌发展的规律告诉我们，产品老化是永恒的话题。当产品和营销思维被固化、格式化后很难突破最终的思考底线。因此，在品牌建设和发展过程中就必须学会自我否定，这是事物发展的规律。例如：洋河蓝色经典，通过酒店终端操作模式创新和新口感（绵柔）、新颜色应用（蓝色）、新价格带占位（200 元左右的中档价格）创造了品牌辉煌奇迹。可是，当这种竞争武器被大量复制的时候，洋河在市场上遭遇到空前的阻击。洋河蓝色经典显然也意识到这一点，通过品牌二次裂变——开发“梦之蓝系列”“M3、M6、M9”抢占更高的价位来完成品牌的升级换代，不断地强化“中国绵柔第一品牌”的诉求，放大品牌建设壁垒和领导地位。由于品牌创新的力度较大，因此，洋河梦之蓝系列在市场上的表现也是蒸蒸日上。

诉求领导品牌地位，就是顺应消费者心理——既然你能够做到领导地位，那么你的品质一定是最好的，你这个品牌就是值得信赖的。因此，在白酒市场品牌角逐中，如果一个强势品牌和竞争对手在胜负难分时，必须不惜一切代价投入200%的资源来争取领导地位。在这一点上，无论是水井坊的“第一坊”诉求，还是国窖1573的“第一窖”诉求，无一例外地都在争抢领导者的地位，可见领导地位诉求的重要性和稀缺性。诉求自己为该领域的领导品牌是领导者最有力的反击武器，消费者根深蒂固的观念坚信品质最好的产品最终将会胜出。

3. 产品系列化突围，纵横产品线，时刻阻击竞争品牌

任何区域市场白酒品牌的领导者，具有遥遥领先的优势后就可以通过最大限度的产品线拉伸来阻击竞争品牌。这个时候产品的策略应该转化为“系列对抗单品，实现产品系列化突围”，以最大的市场占有率及最活跃的品牌表现彻底屏蔽竞争对手品牌。事实上，强者的出现，必然要有众多品牌进行竞争性围攻。因此，在强化产品线纵横、产品系列化突围的同时必须把握好产品开发的进度和产品开发策略。例如，“五粮液”早年系列酒开发的目的就是要扩充市场容量，把自己主导产品不做的价格和区域让给品牌开发商去操作，通过制造每一个独立品牌的成功，来达到品牌收割的目的。当自己主导的产品成熟稳定后，品牌开发商的产品也有部分成熟时，再进行品牌整合，遏制竞争品牌的同时也助推了自身的发展，收效甚好。

第二章

白酒行业的品类营销趋势

你的“产品”有没有足以一触即发的“产品概念”？你的“产品”有没有低调而凶狠的“包装”？你的“产品”有没有让人过目不忘的“传播元素”？如果没有，那么你就很难在激烈的市场竞争中制胜，要想在同质化的背景下破局，就需要开创新的品类，打破产品功能界限、打破目标消费群界限、打破使用方法界限……

第一节　品类营销分化的区隔作用

1. 什么是品类

新品类这个词，最近几年频频出现。所谓品类，本来是指将类似产品组成小组和类别；而新品类是在原有的产品类别中或在它的旁边，开辟一个新的领域，然后命名这个领域，把所开辟的新领域作为一个新品类来经营，把自己的产品作为这个新品类的第一个产品来经营，首先在自己开辟的市场中独占独享。

2. 品类区隔分化的核心要素

通过检索，我们不难发现，品类营销在分化区隔上必须符合以下几个核心要素：一是包装品类；二是原料品类；三是功能品类。品类区隔分化的核心要素，如图 2－1 所示。

□ 包装品类核心要素特征：基于产品包装材料本质改变的新品类定义。例如：牛奶从利乐枕包装到利乐砖包装再到 PET 瓶装奶包装，每一次包装材料的变化都诞生了一个伟大的产品品类。白酒行业的光瓶酒品类与盒装酒品类中，龙江家园和老村长坚持光瓶酒的品类细分与价位细分，主导了整个光瓶酒品类，成为光瓶酒品类的代表，企业也获得

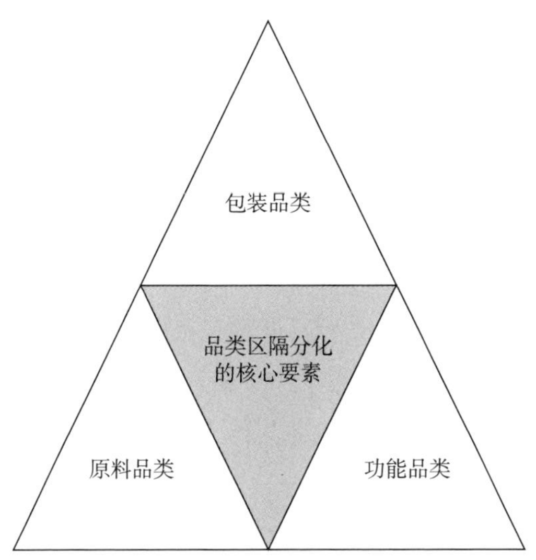

图 2－1　品类区隔分化的核心要素

高速增长。

□ 原料品类核心要素特征：基于产品生产原材料本质改变的新品类定义。例如：茶饮料行业中的红茶、绿茶产品细分；奶制品行业中的巧克力奶、酸奶产品细分；白酒行业中的五粮、单粮、三粮和九粮产品细分。

□ 功能品类核心要素特征：基于功能、用途本质改变的新品类定义。例如：医药保健品行业属性下的止咳药、镇痛药；脑白金的保健品属性下的礼品功能；白酒行业属性下的保健酒、药酒、黄酒。

第二节　白酒亚品类及其特征

近年来，淡雅、柔和、绵柔的概念层出不穷。在新口感概念诉求下，淡雅、柔和、绵柔等是不是新品类？在概念泛滥、品类营销乱象丛生的白酒行业，新品类如何界定？

淡雅、柔和、绵柔是不是品类？毋庸置疑，我们认为它们是品类，只不过这个品类化做得还不够纯粹、还不够彻底。它们迈出了白酒行业品类化营销的第一步，但是还没有走到终点。基于这种现象，所以我们将其称为白酒行业亚品类现象。所谓的亚品类，就是像品类又不完全是品类，具备品类的部分特征又不能完全定义为新品类的产品品类。

通过研究，我们总结得出：白酒行业亚品类分化的核心要素特征是它们在品类营销应用过程中有改变，但是没有本质的变化。白酒亚品类营销应用核心要素特征：一是由香到味的概念转化；二是基于香型的企业语言转化；三是基于功能属性的用途转化。白酒行业亚品类分化的核心要素特征，如图2-2所示。

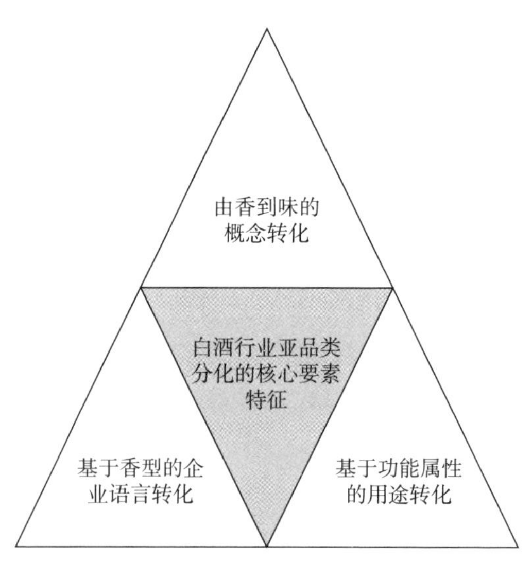

图2-2　白酒行业亚品类分化的核心要素特征

□ 由香到味的概念转化：主要体现为在原有香型基础上进行二次口感语言界定。实现由香型到口感的升级诉求，以获得全新的口感

“品类”形象占位，实现先入为主的口感独占、独享，借势成为新口感第一品牌或者领军品牌。例如：淡雅、柔和、绵柔都是基于浓香型白酒由香型到口感的二次界定的产物。

□ 基于香型的企业语言转化：主要体现为在原有香型基础上进行企业诉求性质的语言界定。实现基于原有香型到企业个性香型的语言转化，以获得独特的企业产品“品类”形象占位诉求，为企业打造空前绝后的品类竞争力，并制造品类、品牌壁垒。例如：酒鬼酒的馥郁香型、衡水老白干的老白干香型、四特酒的特香型、西凤酒的凤香型。这些独特的香型都是基于清香、浓香或者兼香型白酒原始香型的二次香型企业语言界定。

□ 基于功能属性的用途转化：主要体现为在酒类行业属性功能基础上进行产品功能用途的界定。实现基于酒类属性的产品功能用途转化，以“品类”抢占消费者心智资源，锁定核心消费者群体。例如：白金酒从保健酒大品类分化到礼品功能用途，形成保健礼品酒品类。

第三节　从产品、品牌到品类的营销逻辑

1. 无品牌产品时代的营销逻辑

有产品就能卖、有名字就能卖、包装好就能卖是这个时代最大的特征。消费者还没有形成品牌意识，自然就没有品牌辨别能力。这个时代只区分行业大品类，也就是我们常见的产品类别。简单地说，这个时代白酒行业的逻辑是只要是白酒，消费者就肯买。

2. 产品过剩时代的品牌驱动营销逻辑

有产品无品牌的企业开始慢慢死去，有产品有品牌的企业勉强活下来，产品个性化较高、品牌名称朗朗上口的企业高速发展是这个时代最大的特征。这个时代消费者对品牌的辨别能力及对产品的辨别能力显著提升，品牌格局出现，白酒品牌进入全面洗牌阶段。

3. 品牌沉淀时代的品类营销逻辑

（1）亚品类被第一次提出并应用，亚品类的第一轮业绩井喷，助推部分企业高速成长（洋河的绵柔、五粮醇的淡雅等都是在这个阶段出现业绩井喷）。没有品类占位的部分企业将面临消亡，没有个性的品牌、没有根基的品牌开始停滞不前。品类占位机会被广泛认识，行业大品类基础下的品类细分主导行业发展。

（2）未来，每个大行业品类下的品类细分对应能生存的核心企业就那么2～3家。

行业大品类基础下的品类细分及转化，如表2－1所示。

表2－1　行业大品类基础下的品类细分及转化

大行业品类	细分品类	细分品类转化	企业品牌代表	新品类变化形成基点
炒货	瓜子	蒸煮工艺	真心、洽洽	由散货到包装，开创包装瓜子品类
饮料	茶饮料	红茶、绿茶	康师傅	由热茶到冷饮，开创饮用功能品类
酒类	红酒	解百纳	张裕解百纳	基于原料变化的新兴品类
白酒	兼香型	馥郁香型	酒鬼酒	基于兼香型白酒的二次企业语言转换品类
白酒	清香型	老白干香型	衡水老白干	基于清香型白酒的二次企业语言转换品类

第四节　白酒品类营销未来趋势猜想

1. 基于行业化品类分化成功核心要素

通过进一步研究，我们总结得出：白酒行业化品类分化的核心要素特征是它们在品类营销应用过程中必须有本质的变化才能形成真正的品类。白酒品类营销应用成功的要素特征：一是酿酒原料的实质变化；二是口感感知的实质变化；三是包装材料的实质变化。

（1）酿酒原料的实质变化：酿酒的原料发生本质变化，驱动新品类形成。例如：保健酒品类在酿造原料里增加了中药成分，酿造原料的本质变化产生了保健酒品类。

（2）口感感知的实质变化：口感感知发生本质变化，驱动新品类形成。例如：果露酒和红酒基于酿造原料的更改实现产品口感的实质变化，口感的实质变化产生红酒和果露酒品类。

（3）包装材料的实质变化：包装材料发生本质变化，驱动新品类形成。例如：早年的酒产品都是用坛子封装，以前的酒是坛子酒；新时代的白酒是用瓶子等器皿封装的，叫瓶装酒；再后来的白酒瓶子外边增加个外盒包装，叫盒装酒。包装材料的变化也演绎着白酒细分品类的变化。

（4）按照以上这些核心逻辑要素我们可以大胆地预想：

①未来的白酒瓶子可以做成金属拉丝材料的，通过这个包装物料属性的改变是否能够成就白酒行业的“铁器皿品类”时代。

②未来的白酒原料可以添加非粮食原料，通过添加橘子、苹果、雪梨等水果去打造新香型，主导传统白酒的口感变化，形成新型白酒香型体系。橘子香型、苹果香型、雪梨香型，最后形成“大香型品类”，主

导中国果香型白酒品类。其实，葡萄酒的发展和衍生就与这个设想有异曲同工之妙。葡萄能，苹果焉不能？雪梨焉不能？其实，河北有一家做“永不分离”白酒特色产品的白酒企业（在白酒瓶内装一个雪梨，然后泡在白酒里），这个产品的工艺特色为什么不能成为“雪梨香型”的代表品牌，只是企业对营销缺少足够的战略前沿性和大胆的结构化思维罢了。由此，越发感觉智业公司存在的必要性。

2. 未来的香型品类机会构想

基于区域特产原料的区域特色香型趋势——原料产地优势驱动“香型品类”机会崛起。品类营销成功的本质是发现并发扬自身独特的优势，并在消费者心智中划出一块属于自己企业的位置进行营销独占。

□ 山东酒的芝麻香型：山东虽然谈不上是什么芝麻产销大省，但是早年山东酒就有芝麻香在酿造、生产、销售，只是规模不大，并且在过去的很多年里“品类”机会并没有像今天这样被营销界所重视。当鲁酒军团群雄奋战芝麻香时，这种产地特色的香型品类战略重要性必将凸显。

□ 东北酒的玉米香型：过去10年里，东北酒的营销只做了一件事，浓缩了东北粮食原料的产地优势（大豆、玉米和高粱），主导概念是“纯粮酿造”。但是，在品类营销分化的大环境下，纯粮酿造只是基本的产品指标，已经不能承载东北酒向更大、更远的方向前进。只有抓住基于区域特产原料的区域特色香型发展趋势这棵最后的稻草，东北酒的第二增长极和产地优势才能继续凸显。

□ 贵州酒的糯谷香型：在笔者服务贵州一家酒企时，发现贵州区域的白酒产品酿造原料里都多了一种谷物——糯谷。在贵州茅台酱酒一家独大的区域格局下，贵州区域内的中小白酒企业如果不能在营销上获得本质突破，那么在品牌层面上基本不具备突破的机会和可能性。所以，贵州企业谁率先进行区域香型产地“品类占位”，谁将有机会获得突破性成长。

第三章

三纲九常品牌创建法

一直以来，白酒行业的品牌发展就是个相对畸形的状态。大大小小几万个品牌，企业规模从几十万元到几十亿元的都有。既有传承几十年、几百年的老品牌，也有横空出世的新品牌。百年品牌有做到消沉、一落千丈的，新生品牌也有厚积薄发、后来居上的。仔细回首记忆中数不清的白酒品牌，很多品牌既没有品牌架构也没有品牌内涵，既不能清楚表达销售主张也不能有效传递产品价值，究其根本，皆因对品牌创建缺乏系统梳理。白酒行业在经历了渠道制胜、终端为王的喧嚣后，已经进入品牌制胜时代。本章就为您介绍三纲九常品牌创建法，如图3－1所示。

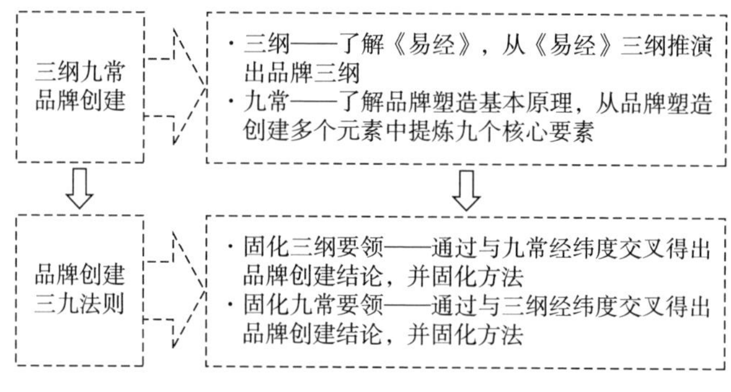

图3－1　三纲九常品牌创建法

第一节　何谓品牌三纲

1.《易经》检索

□《周易》是中华文明史上一部内涵精深、影响广泛、流传久远的典籍，有“群经之首”和“大道之源”之称。几千年来，《周易》以其外在的魅力——奇特的结构形式和抽象的符号显示，以及博大精深的内涵——千古永辉的义理和复杂神奇的运算机制，吸引着人们在各个领域对其进行研究和应用，形成了庞大的易学研究体系。

□《周易》一书由《易经》和《易传》两部分构成。从总体上看，它是一部指导人们利用自然规律及社会发展规律的哲学著作。其中，《易经》是我国古代先哲通过对自然现象和社会现象的长期观察，以及对各种社会实践活动及其结果进行高度总结概括后而形成的。它集中反映了宇宙万事万物的现象和发展变化的规律。《易传》则是对《易经》进行解说，用来阐发义理的哲学典籍。

2. 何谓《易经》三纲

《易经》三纲，如图 3－2 所示。

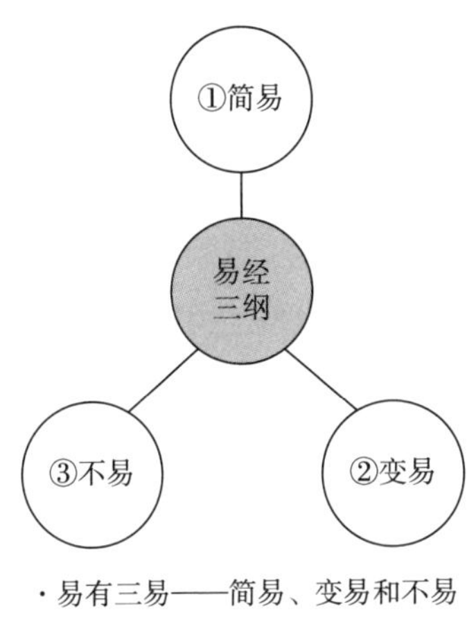

图 3－2　《易经》三纲

□ 简易——是指世界上的事物再复杂、再深奥，一旦人类的智慧达到，就可以把它们转换成人们容易理解和处理的问题。简易，就是通过《易经》的理论把复杂的问题简单化，以便于理解。

□ 变易——是指世界上的万事万物每时每刻都在变化发展着，没有一样东西是不变的，如果离开这种变化，宇宙万物就难以形成。变易，就是说宇宙万物都是时刻不断变化的，并且存在一定的变化规律。

□ 不易——是指在宇宙间万物皆变的前提下，还有唯一不变的东西存在，就是能变出万象之物的东西不变，或者说，万物皆变的规律是不变的。不易，就是说宇宙万物虽然都是时刻不断变化的，但是也有一些永远不变的点和规律。

3. 由《易经》三纲推演品牌三纲

推演过程如图3-3所示。

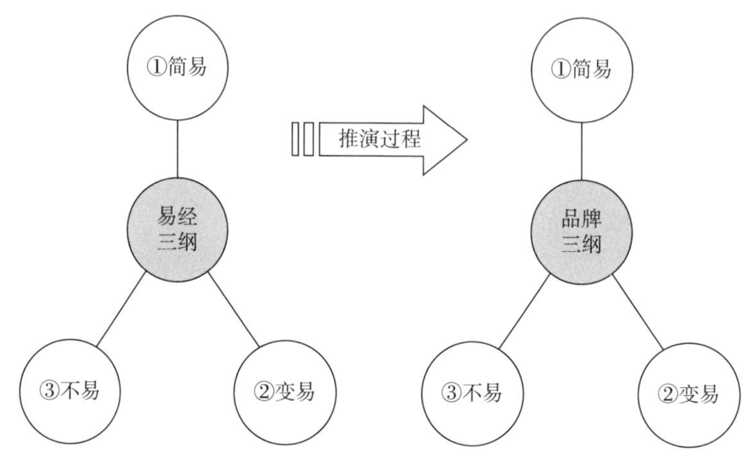

图3-3　由《易经》三纲推演品牌三纲过程

4. 品牌三纲要揭示的基本理论

（1）简易，就是把世界上一些复杂现象背后的本质找到。举个简单的例子，一只羊加一只羊是两只羊，一头牛加一头牛是两头牛，那么如果达到了简易的境界，就会看到本质，本质就是“1+1=2”。

（2）变易，就是用发展的眼光看问题，不形而上学，拒绝孤立片面静止地看问题。

（3）不易，这个不易就是周文王认为的高度抽象后的原理，或者说是规律中的规律。

（4）这是一个境界接一个境界的。《易经》的这3个解释，用现代的哲学观点来说就是：

①简易，就是透过现象看本质，将一切事物去繁就简。

②变易，就是事物都是变化发展的，蕴示变革和创新。

③不易，就是绝对真理，要传承、保留、沿袭。

5. 品牌三纲的演绎

品牌三纲如图3-4所示。

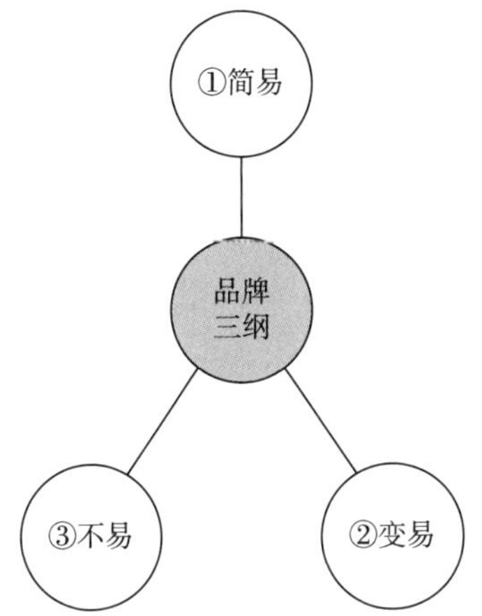

图 3－4　品牌三纲

（1）品牌应用演绎之简易——简化。

①去繁就简；

②去伪存真；

③简单精练；

④本质回归。

（2）品牌应用演绎之变易——创新。

①品牌变革；

②品牌创新；

③新概念；

④新思路；

⑤新方法。

（3）品牌应用演绎之不易——传承。

①坚持观点；

②坚持信仰；

③核心保留；

④优秀传承；

⑤适度沿袭。

（4）这是一个境界接一个境界的。

《易经》的这3个解释，用现代的哲学观点来说就是：

①品牌应用演绎之简易，就是把品牌形象、品牌诉求、品牌符号等进行简化回归，这样才有助于品牌建设。

②品牌应用演绎之变易，就是说品牌的塑造和建设不是一成不变的，在不同的历史时期采取不同的品牌传播表现手法是变异的精髓。只有在不断的变革和创新中实践，品牌才能长生。

③品牌应用演绎之不易，就是绝对真理，无论如何去繁就简，如何去变革、创新，品牌核心和有效符号都要考虑进行传承、保留、沿袭，品牌好的地方就要坚持观点、坚持信仰。

第二节　何谓品牌九常

1. 品牌修炼：品牌创建九大核心要素

通过对品牌建设相关要素的检索，我们提炼出了九大（常用）核心要素，实现品牌建设升华。

（1）品牌九大核心要素，如图3－5所示。

①名称——基本认知符号；

②血统——历史传承，是基因；

③定位——锁定消费者、市场；

④卖点——吸引消费者、购买理由；

⑤核心诉求—— 一种消费主张；

⑥形象——企业形象识别，企业品牌；

⑦品牌三化——品牌的落地应用、提升传播和推广效率；

⑧品牌传播——品牌落地的基本载体，传播的基本载体；

⑨品牌结构——具体规定了品牌的作用、各品牌之间的关系，以及

各自在品牌体系中扮演的不同角色。

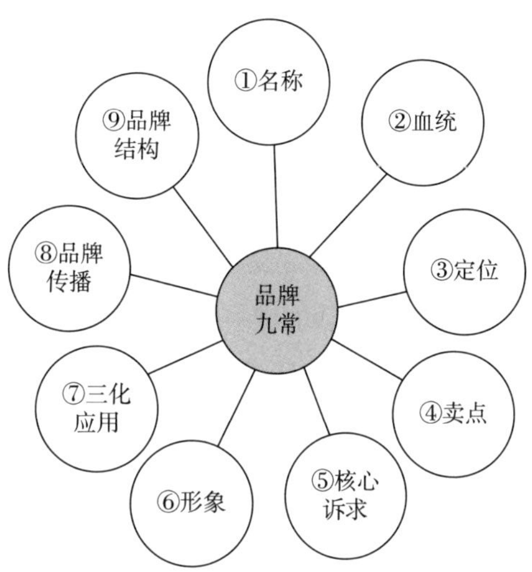

图 3－5　品牌九大核心要素

2. 品牌创建九大核心要素及多维度思考检索方向

品牌创建九大核心要素及多维度思考检索方向，如图 3－6 所示：

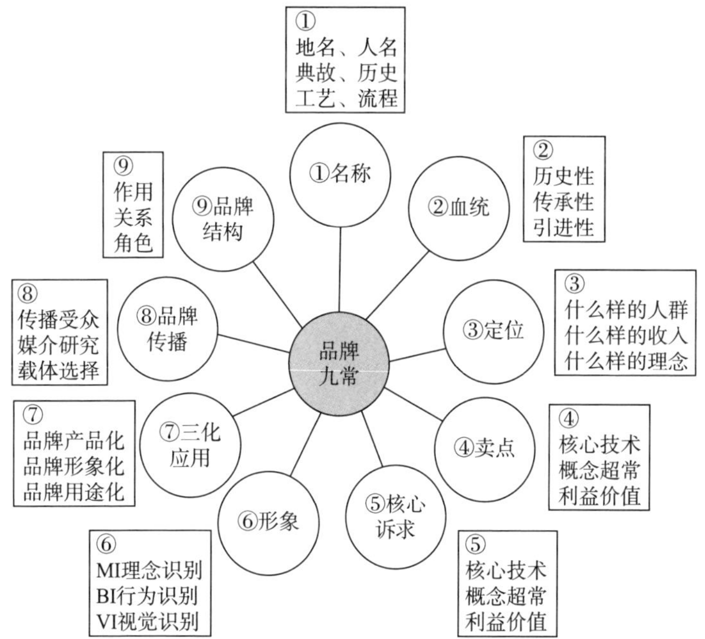

图 3－6　品牌创建九大核心要素及多维度思考检索方向

第三节　品牌创建三纲九常的应用

1. 三纲九常品牌创建法的组合交叉应用成型表

只要按三纲九常品牌创建系统进行深入思考，系统的品牌架构和品牌内涵就会清晰可见，如表3－1所示。

表3－1　三纲九常品牌创建法的组合交叉应用成型表

全面思考的方向			品牌三纲（维度）		
品牌九常（经度）	品牌九常	扩建品牌 创建思考维度	简易（简化） 过去	简易（创新） 现在	不易（传承） 未来
	名称	·地名、人名 ·典故、历史 ·工艺、流程 ①			
	血统	·历史性 ·传承性 ·引进性 ②			
	定位	·什么样的人群 ·什么样的收入 ·什么样的理念 ③			
	卖点	·核心技术 ·概念超常 ·利益价值 ④			
	核心诉求	·核心技术 ·概念超常 ·利益价值 ⑤			
	形象	·MI理念识别 ·BI行为识别 ·VI视觉识别 ⑥			
	三化应用	·品牌产品化 ·品牌形象化 ·品牌用途化 ⑦			
	品牌传播	·传播受众 ·媒介研究 ·载体选择 ⑧			
	品牌结构	·作用 ·关系 ·角色 ⑨			

2. 三纲九常单一元素分析应用示例

按此思考路径稍加思索，品牌名称就在眼前，如表 3－2 所示。

表 3－2　三纲九常单一元素分析应用示例表

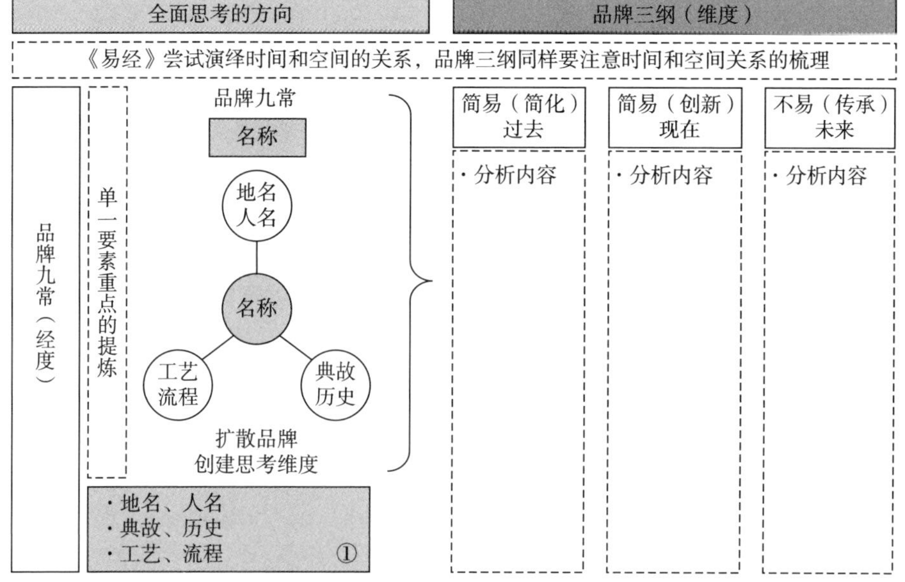

3. 三纲九常品牌创建法应用总结

（1）三纲九常品牌创建法是一套简易、常用的品牌创建系统，无论是初创型的白酒品牌，还是成长中的中小型企业品牌，只要能将此系统深入研究并加以实践运用，会有意想不到的效果和收益。

（2）三纲九常品牌创建法是一套品牌创建系统。它为大家揭示品牌初创期如何进行白酒品牌的建设方法及架构。在应用的过程中，需要有架构、有条理的缜密思维进行配合才能最终对品牌建设有所帮助。正如毛泽东所说："学习的目的在于精通，精通的目的全在于应用。"所以，精通、巧用是根本。

第四章

产品三化：激活老产品的神器

产品是有生命周期的，产品一旦进入衰退期，销售上就习惯地称为老产品。每个企业都或多或少、或长或短地遭遇过这样的情况：老产品销量下滑，前景艰难；渠道上怨声载道，藏着销售；业务团队一片低迷，企业经营压力重重，看不到希望。

老产品往往具有这样一些特性，它肩负着企业几近半数的销量，是企业利润的核心。渠道链成员利润微薄，但消费者认可度很高。这样的产品销量持续下滑，其影响可想而知。

笔者在咨询服务10余家酒水企业后发现，面对老产品的下滑问题，各个量级企业无不显示出焦虑与无奈，为之提心吊胆、寝食难安。为什么面对老产品问题，企业总是施术乏力呢？因为老产品的问题不是孤立的，而是系统存在的。它涉及企业销量与利润、企业产品线管理、企业组织配称、渠道链成员利益、消费者利益等各个环节，总是牵一发而动全身，根本无法通过战术性的调整实现突破。那么，有没有一套系统的解决方案可以放之四海而皆准，能够站在更高的层面解决企业老产品问题，达到长治久安的目的呢？

第一节　基优理论和产品品牌化

1. 基优理论

（1）概念：事情的破局点，总是来自操作者与事务最具优势的方面。通俗地说，就是基于优势做事情，将最优秀的能力发挥到极致，是成功的捷径。

（2）应用：基优理论的运用，在历史发展中、在各行业中都常有体现。历史发展中的案例，如在毛泽东的几个著名军事思想中，都可看到基优理论的影子。在井冈山斗争中，毛泽东提出“十六字诀”的游击战争的基本作战原则。1928—1930年，毛泽东在其著作中，提出了中国革命必须走农村包围城市道路的理论。无论是“十六字诀游击战原则”，还是“中国革命必须走农村包围城市的理论”，都是基优理论的应用，都是强调基于普通人民群众的优势力量开展革命运动。在工业行业中的案例尤其多，比亚迪从手机电池到电动汽车的跨越，雅格电器从手电筒到台灯的推广，洁丽雅从塑造毛巾品牌转向内衣产品的打造，这都可视为对基优理论的应用。

（3）基优理论与产品三化法则：

①基优理论，是产品三化法则的理论基础。老产品的激活与再生，必然是基于其最优秀方面的势能激活与共振。老产品的“优基”是其极高的消费者认可度与美誉度，老产品在其主销区域市场内拥有广泛的消费者认可度，已经形成了品牌效应。这是历史赋予的财富，是能够被激活与爆破应用的存量资源。

②产品三化法则，是基优理论的实践应用。基于消费者对老产品的强烈认可，展开老产品激活，实现产品力提升与产品线改造。产品三化法则包括：产品品牌化，产品优级化，产品规格化。

2. 产品品牌化

（1）概念：将老产品拥有的消费者基础，即产品的品牌效应充分释放，实现产品品牌正名。产品的名称品牌化运作，以老产品为基础，打造该品牌产品线的系列化产品。

（2）优点：

①在产品线方面，树立了新的产品线，填补更多价位，各价位间产品能够相互给力与借力，实现产品突破与业绩提升。

②在品牌资产方面，通过产品品牌化，进而系列化的运作，创造新的品牌，累积品牌资产。该品牌具有原老产品的消费者信任感，也就具备了消费者驱动力。后续操作中，可以通过分品牌裂变运作，实现该品牌势能的进一步引爆。这就如同洋河蓝色经典对梦之蓝的操作，梦之蓝系列化为 M3、M6、M9。时机成熟且价格带允许的情况下，M3、M6、M9 还可以继续实现裂变。以 M3 举例，可以推出年份 M3 系列：10 年

M3、20年M3、30年M3。

（3）要点：

①在新产品方面，关键是对老产品包装风格与核心元素的沿袭、提升，既要有创新，又要充分实现紧密联系。保持包装调性与核心元素的消费者心智继承，才能够真正实现产品品牌化，真正快速启动消费并盘活市场。例如，老“酒鬼”酒与其新品“封坛年份酒鬼”酒，如图4－1、图4－2所示。

图4－1　老“酒鬼”酒

图4－2　“红坛十五年”酒鬼酒与“蓝坛二十年”酒鬼酒

②在老产品方面，关键是为老产品植入概念，获得产品力的提升。产品品牌化运作中，为产品线注入品质面的支撑是至关重要的环节。植入品质面的支撑，往往也是实现系列化产品间分级区隔的有效手段，可

以为原本没有概念的产品植入星级、植入年份、植入原浆、植入柔和、植入淡雅、植入年份原浆、植入年份淡雅、植入年份柔和等消费者已经广泛知晓的概念或概念组合。例如：老“帝王风范”酒与其新品“年份原浆帝王风范”酒，如图4－3所示。

图4－3　老“帝王风范”酒与其新品“年份原浆帝王风范”酒

第二节　产品优级化

（1）概念：产品优级化，其操作要领是通过更换包装，获得产品力提升，实现老产品升级，并以此来提升产品价格，弥补渠道利润。产品优级化是具有普遍意义的操作手法，一般人，一般时候，在老产品遭遇滑铁卢时都会顺理成章地想到这一解决方法。

（2）要点：

①产品提价的范围空间要控制好，一般中低档产品5～10元就是一个价格带，中高档产品可以在15元左右或是更高。一定要根据区域实

际价格带分布情况展开调整，若一次性调价过高，发生价格带的严重跑偏，原有消费群无法适应此种调控，必然带来更大的消费动荡，导致销量继续低迷。

②涨价所获得的利润空间，一定要适当地用来弥补渠道链的利润空间，老产品销售下滑的一个核心原因就是渠道推广乏力，甚至产生阻力。一些厂家会做出极端短视的行为，涨价获得的空间全部拿来当作企业利润，而对渠道链的各个环节不给予适当的考虑，其结果可想而知。

③在更换包装方面，一定要追求产品力的提升。一些厂家往往只是拿更换包装来当作涨价的借口，放松了对产品力提升的追求，这是一种恶意的欺骗行为，是对消费者的蔑视。正确的产品力提升方法，要在包装上下功夫。不论是开启方式的改变，或者色彩搭配的调整，还是包装材质的提升；不论是瓶型的改变，还是瓶盖的新选，抑或标签的再设计。总之，一定在这些硬功夫上能拿出一张合格的答卷。

④在做足包装提升硬功夫的同时，切莫忽略软功夫历练。所谓软功夫，就是要在消费者心里下功夫，短期内构建新包装产品势能，实现新包装产品的消费者快速认可并提高其消费者美誉度，这就需要一个有结构的整合推广。这个整合推广，一定要兼顾四大层面才能实现快速奏效。第一，通过渠道促销解决提升渠道链利润空间问题。第二，通过消费者视觉或感观促销解决消费者对新包装产品的快速识别与记忆问题。第三，通过线上与线下的媒介传播推广组合解决渠道促销及消费者促销的针对性传递问题。第四，通过企业的组织资源整合和绩效激励保障渠道促销、消费者促销与媒介传播的有效落实。

⑤要精准把握操作的节奏，把握更换包装、实施提价、整合推广之间的衔接节奏。更换包装和实施提价之间的节奏，只有三种衔接方式。第一，先换包装后提价。第二，提价与换包装同时进行。第三，先提价后换包装。目前来看，大多数企业都在操作第二种方式，其效果在于各方认为似乎更合理一些；少部分企业选择了第一种方式，其优势在于更加洞察消费者心理，有些先给点甜头诱惑之的意味；几乎没有企业选择

第三种方式，因其令各方都不舒服。至于整合推广与更换包装、实施提价间的衔接，一定是根据更换包装与实施提价两者间的节奏而展开调整的。

第三节　产品规格化

（1）概念：产品规格化，是近年来逐渐发力的一种老产品激活模式，其本质在于适应了消费者多元化、细分化的消费趋势变迁。产品规格化，是在老产品原有容量规格的基础上，进行更多容量规格即多价位的占有。

（2）方向：产品规格化操作，实施关键在于老产品的一切要素必须零改变。在规格化方面，主要有两个方向：一个是做大；一个是做小，即在老产品容量规格基础上增加大容量与小容量。我们常说的做大与做小的参照坐标是传统的容量规格即500ml/瓶，换之亦然。

①大规格容量产品的操作，很多企业都是有经验的。口子窖五年的5斤装，高炉家普家的2斤装，在它们核心区域市场的销售都有很好的表现。此两者是老产品规格化方面做出实践并获得初步成功的企业，但是，对于大多数企业，这种大规格容量产品的操作还局限在礼品酒与纪念酒的层面，并没有用来当作老产品激活的手段积极运作。

②小规格容量产品的操作也是一样的情况。很多企业都有100ml、125ml、250ml等规格产品的运作，却没有应用在老产品激活的实践上。笔者近几年针对小规格容量产品的研究显示，小规格产品在全国范围内表现活跃。天津津酒的2两装产品在天津地区年销售额达千万元，广州百年糊涂酒的小规格产品在广东省年销售额达千万元，湖南省各个品牌的2两小酒销量都很大。据推算，全国250ml及以下规格的白酒产品容量在80亿元左右，并有不断上升的趋势。当这一趋势初步显现时，有

些企业快速抓住机遇，做出应对决策。黑龙江省玉泉酒业近年推出“玉泉二两半”产品开始全省化重点运作就是其中的一个典型代表。

③大规格容量产品消费实惠，产品对消费者拉力极大，且终端展示效果显著。小规格容量产品便于自饮，亦可做礼品赠送，相对而言更具有消费适应性。可以预见，以产品规格化来解决老产品激活在未来会逐步盛行。

总结：老产品激活的产品三化法则系统理论图，如图4－4所示。它是针对企业老产品衰退现象做出的系统解决方案，是对基优理论的实践应用，更是对消费者消费价值的洞察和品牌资产打造的稔熟。

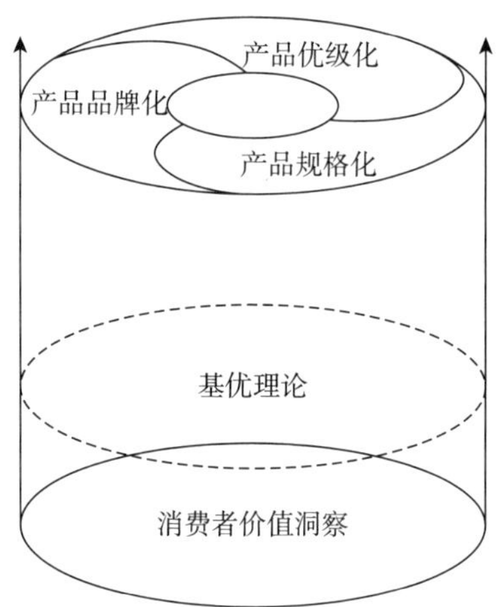

图4－4　产品三化法则系统理论图

老产品的核心优势，在于拥有极高的消费者认可度与熟识度，这是能够保障产品三化法则操作发挥威力的核心或者说本源。事实上，若要实现老产品的高效与快速激活，无论采取产品三化法则中的哪一种或是哪几种的组合应用，都要配置以相对应的整合推广。

第五章

区域市场破局全景解析

谁能破局保定？

有一座古老且特别的城市，它下辖4区18县及4个县级市，总人口约1228万。市区总人口约106万，周边22县（市）人口共计约1122万，农业人口与非农业人口比例约为5.16∶1。它的一个特别之处就是人口数量之大，可以位列全国第四大人口城市，全国第一大人口地级城市。它的另一个特别之处是县乡人口之多，远远超过市区人口，两者相差约11倍。它就是地处北京、天津、石家庄三角地带中心，素有“京畿重地”“首都南大门”之称的保定市。

保定市的两个特别之处，对其区域内消费品销售有着决定性的影响。巨大的人口数量，决定着巨大的消费需求，决定着消费品市场容量规模的不俗。巨大的县乡人口比例，对应着庞大人口的城市化进程，消费升级的感应尤其敏锐。

对于酒水企业而言，这里是肥沃的土地，是遨游的海洋。这里的养分也确确实实滋养了形形色色的商业种群，有本地酒徐水县刘伶醉、安国市（县级市）祁州陈酿，有河北地产酒强势品牌衡水老白干、板城烧锅、山庄老酒，有外地产品青酒、赊店老酒，有全国化品牌泸州老窖、洋河大曲、古井贡酒，有全国一线品牌茅台、五粮液。它们来自四面八方，各有神通；厂家与商家轮番坐镇，旌旗摇曳。

第一节　市场整体格局

从批发市场、酒店、名烟名酒店、大型商超、传统零售店，到分销商、代理商，再到购买者、消费者；从现场观察，到人物访谈。笔者历经一个月的市场全方位走访，调研显示如下。

一、市场容量情况

1. 市场总容量

保定地区市场总容量约 16. 27 亿元。其中市区容量约为 6. 1 亿元，县区容量约 10. 17 亿元。

2. 价格带容量

30 元以下价位带容量约 4. 64 亿元，30 ~ 100 元价位带容量约 3. 79 亿元，100 ~ 200 元价位带容量约 1. 94 亿元，200 ~ 400 元价位带容量约 1. 97 亿元，400 元以上价位带容量约 3. 92 亿元，如图 5 – 1 所示。

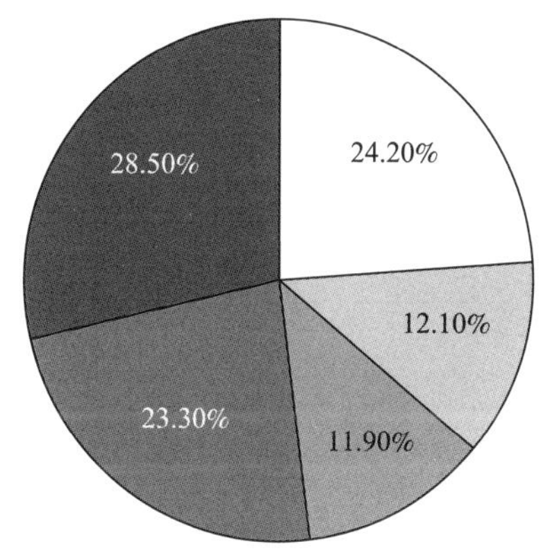

图 5 – 1　保定地区白酒市场各价位平均占比

二、市场竞争格局

1. 代表品牌的价格体系与单品销售政策

（1）本地酒代表：刘伶醉

刘伶醉产品系列包括：老字号系列、年份系列、情系保定系列等。畅销产品主要有刘伶醉十二年、刘伶醉老字号等，保定市区销售额约为 2500 万元，如图 5 – 2 所示。

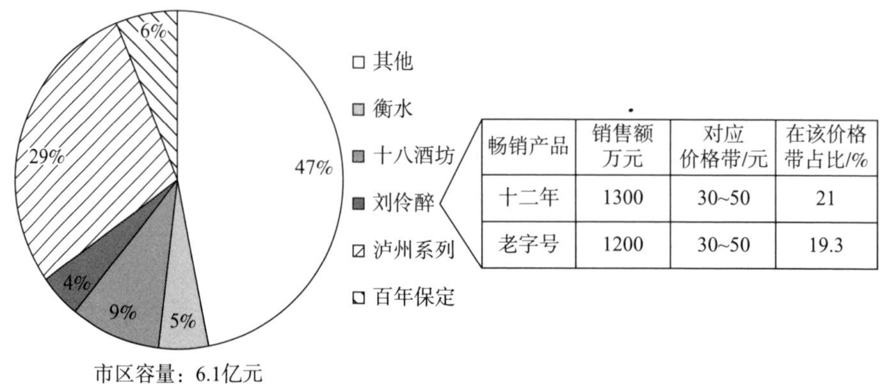

畅销产品	销售额万元	对应价格带/元	在该价格带占比/%
十二年	1300	30~50	21
老字号	1200	30~50	19.3

图 5－2　刘伶醉产品系列保定市区销售情况

□ 刘伶醉的单品销售政策

刘伶醉单品销售政策如图 5－3 所示。

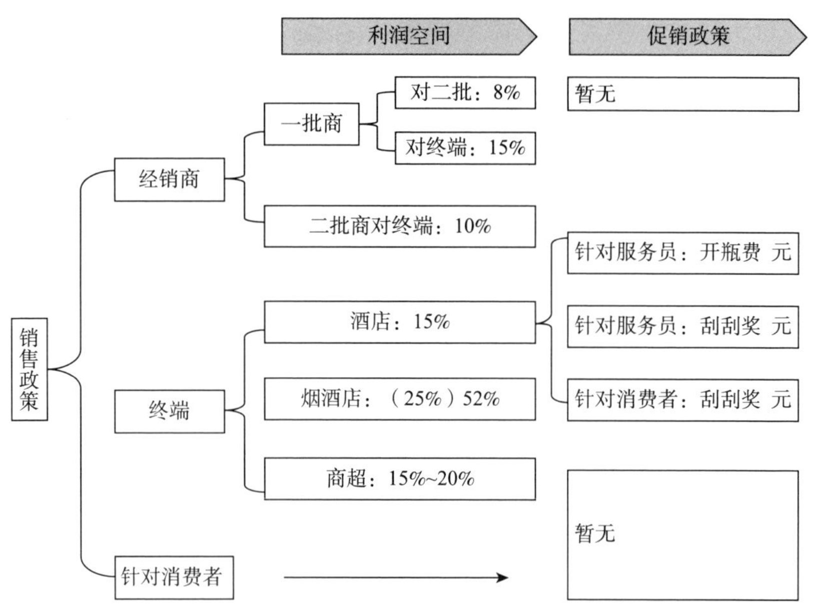

图 5－3　刘伶醉单品销售政策

□ 刘伶醉的综合阐述

刘伶醉在保定的产品线分布 10～598 元，包括老字号、年份酒、情系保定等几个系列多款产品。三款主销产品价位都在 30 ~ 50 元，主要分布在 C/D 类酒店及流通市场。中档、中高档、高档酒走量一般，消费群体和品牌认知还是集中于中低档。

刘伶醉是保定本地品牌，在保定市乃至河北省曾盛极一时。目前日渐衰落，但仍有一定的消费者基础。巨力集团（巨力索具）以资本的手段切入刘伶醉，有此强大的资本背景做依托，加之刘伶醉品牌在全省范围内的消费者基础即品牌资产积淀，其发展我们将拭目以待。

（2）河北强势地产白酒代表：衡水老白干

衡水老白干酒业是河北酒水龙头，在河北省实施双品牌策略。通过紧密型副品牌方式运作衡水老白干品牌的多个系列中低档产品，以十八酒坊品牌的钻石系列和年份系列切割中高档酒。

衡水老白干产品系列包括：柔和系列、淡雅系列、国标系列、67°老白干等多系列多款产品，畅销产品主要有小淡雅、红柔、地柔等，保定地区的总销售额约为 5000 万元，保定市区销售额约为 3200 万元，如图 5 –4 所示。

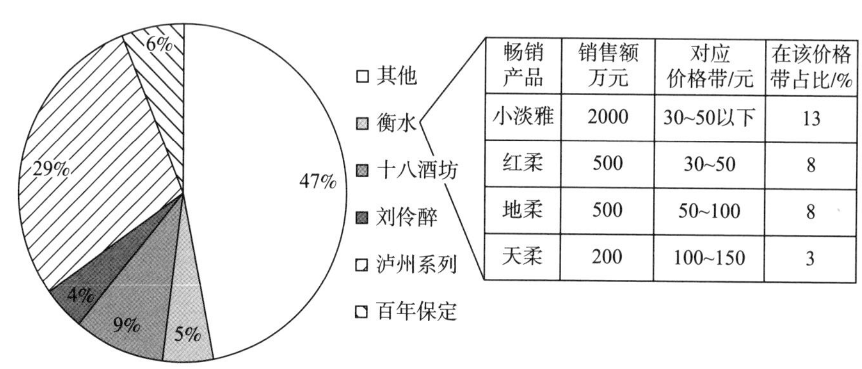

畅销产品	销售额万元	对应价格带/元	在该价格带占比/%
小淡雅	2000	30~50以下	13
红柔	500	30~50	8
地柔	500	50~100	8
天柔	200	100~150	3

图 5 –4　衡水老白干产品系列保定市区的销售情况

□ 衡水老白干的单品销售政策

衡水老白干的单品销售政策如图 5 –5 所示。

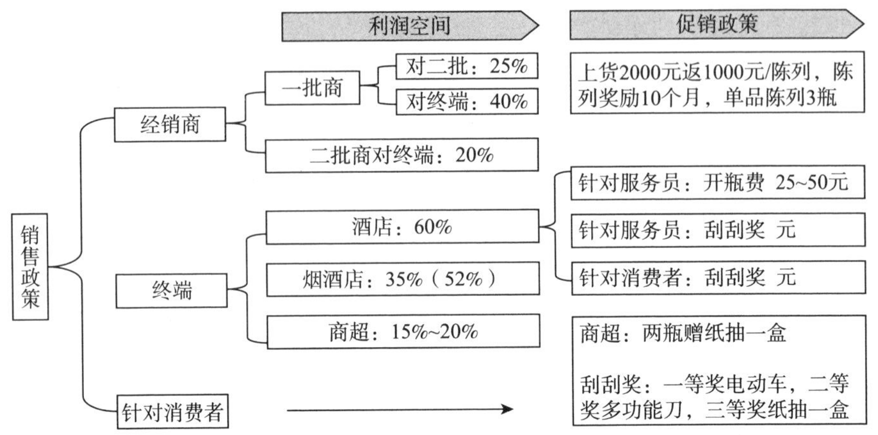

图5－5　衡水老白干的单品销售政策

□ 衡水老白干综合阐述

衡水老白干在保定的产品线分布为10～258元，约4个系列十几款产品，从其实际的销售情况看，主销产品依然是中低档酒。

衡水老白干在河北省具备较高的品牌知名度，拥有一部分品牌忠诚和口感忠诚的客户，但在保定销售情况一般。伴随其分品牌十八酒坊在高端培育不断取得成功，衡水老白干系列中低价位产品有望得到持续增长。

十八酒坊产品系列包括：蓝钻、红钻（红宝石）、八年、十年、十二年、十五年、二十年、金典等。畅销产品有蓝钻、红钻、八年、十二年等。保定地区的总销售额约为1.5亿元，保定市区总销售额约为5600万元，如图5－6所示。

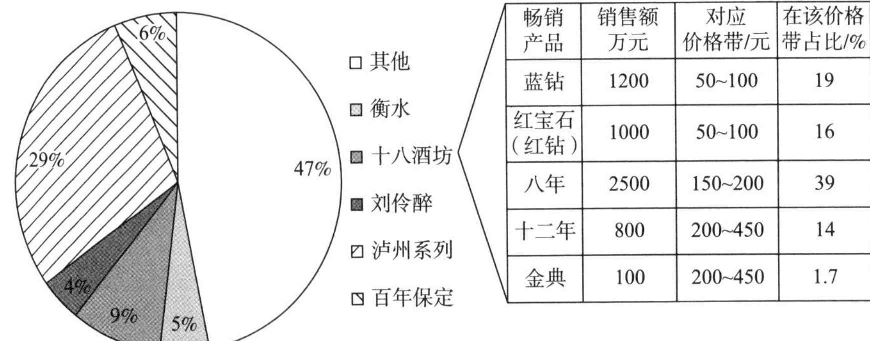

畅销产品	销售额万元	对应价格带/元	在该价格带占比/%
蓝钻	1200	50~100	19
红宝石（红钻）	1000	50~100	16
八年	2500	150~200	39
十二年	800	200~450	14
金典	100	200~450	1.7

图5－6　十八酒坊产品系列保定市区的销售情况

□ 十八酒坊的单品销售政策

十八酒坊的音品销售政策如图 5－7 所示。

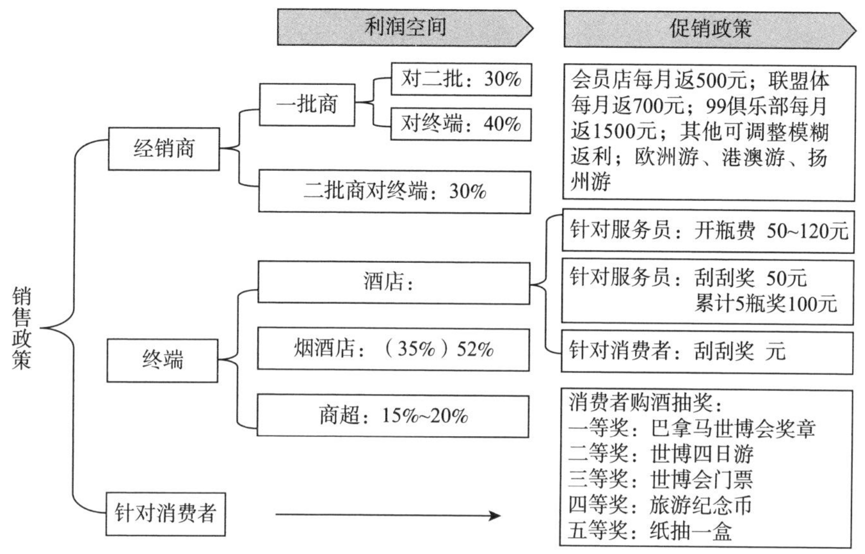

图 5－7　十八酒坊的单品销售政策

□ 十八酒坊综合阐述

十八酒坊在保定的产品线分布 80～580 元，主要是钻石系列和年份系列，主销产品为蓝钻和八年。十八酒坊是衡水老白干推出的中高档品牌，经过几年的运作，目前在保定市场已经具备了一定的品牌影响力。

十八酒坊重渠道运作，轻消费者促销。给予经销商相对较大的利润空间，通过 99 财富俱乐部、联营体等形式紧密联系渠道成员，开展酒店终端大力促销，部分酒店终端的促销费用（开瓶费＋刮奖卡＋累积奖）已接近售价。通过大力度的渠道促销和核心消费者公关操作，十八酒坊的主销价格已显现向上拉升的趋势。

（3）全国化白酒代表：泸州老窖

泸州老窖产品系列包括：国窖 1573、泸州老窖百年、泸州老窖特曲、头曲系列、二曲系列、泸州老酒坊系列、泸州原浆酒系列、泸州福酒系列等多品牌、多系列的多种产品，畅销产品有国窖 1573、泸州老窖百年、泸州原浆酒系列等。保定地区的总销售额约为 4 亿元，保定市区约为1.8亿元，县区约为2.2亿元，如图5－8所示。

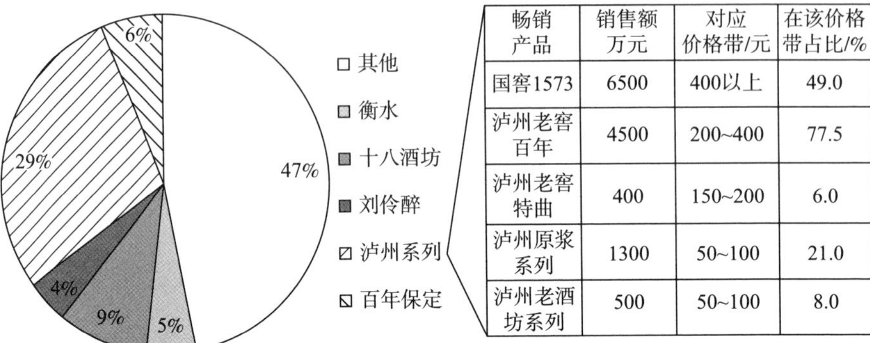

畅销产品	销售额万元	对应价格带/元	在该价格带占比/%
国窖1573	6500	400以上	49.0
泸州老窖百年	4500	200~400	77.5
泸州老窖特曲	400	150~200	6.0
泸州原浆系列	1300	50~100	21.0
泸州老酒坊系列	500	50~100	8.0

图5－8　泸州老窖产品系列保定市区的销售情况

□ 泸州老窖的单品销售政策

泸州老窖的音品销售政策如图5－9所示。

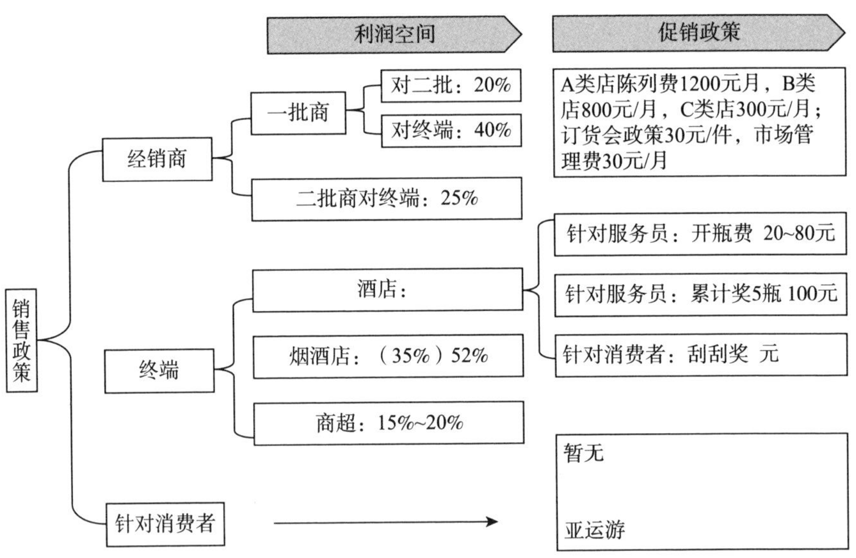

图5－9　泸州老窖的单品销售政策

□ 泸州老窖综合阐述

泸州老窖在保定的产品线分布为7～1000多元，在400元以上、200～400元、150～200元、100～150元、50～100元、20～50元等多个价格段上均有 1～2 款畅销产品。

泸州老窖是保定第一品牌，品牌力和销售力强于茅台、五粮液、剑南春，在保定地区综合市场占有率接近 25%。但数款中高档畅销产品历经多年运作，渠道利润空间日趋微薄。

2. 市场渠道格局

（1）渠道成员利润需求

渠道成员利润需求如表 5－1 所示。

表 5－1　渠道成员利润需求

渠道成员	一批商	二批商	名烟名酒店	商超	酒店
利润需求/%	20	15	30	20	40～80

（2）酒店渠道情况

酒店渠道情况如表 5－2 所示。

表 5－2　酒店渠道情况

<table>
<tr><th>终端类型</th><th>数量</th><th>主流价位/元</th><th>主销产品</th><th>酒水自带率/%</th><th>加价率/%</th><th>开瓶费/元</th><th>买断促销费/万元</th></tr>
<tr><td rowspan="2">A</td><td rowspan="2">23</td><td rowspan="2">260～980</td><td>十八酒坊</td><td rowspan="2">70</td><td rowspan="2">60 以上</td><td>80～150＋刮卡</td><td>12</td></tr>
<tr><td>百年保定</td><td>90＋刮卡</td><td></td></tr>
<tr><td rowspan="3">B</td><td rowspan="3">65</td><td rowspan="3">200 以下</td><td>十八酒坊</td><td rowspan="3">70</td><td rowspan="3">40～60</td><td>45～80</td><td>8</td></tr>
<tr><td>衡水</td><td>—</td><td>6</td></tr>
<tr><td>板城</td><td>30～100＋累积奖</td><td>6</td></tr>
<tr><td>C、D</td><td>2000</td><td>50 以下</td><td>衡水</td><td>85</td><td>40 以上</td><td>—</td><td>—</td></tr>
</table>

（3）名烟名酒店渠道情况

□ 名烟名酒店概况如表 5－3 所示。

表5－3　名烟名酒店概况

<table>
<tr><th>终端类型</th><th>数量/家</th><th>消费群体</th><th>单店年销售额/万元</th><th>品牌销售占比/%</th><th>不同价位销售占比</th></tr>
<tr><td rowspan="5">A</td><td rowspan="5">18</td><td rowspan="5">政府商务</td><td rowspan="5">500</td><td rowspan="3">茅、五、剑 10</td><td>200元以上15%</td></tr>
<tr><td>120～200元30%</td></tr>
<tr><td>80～120元10%</td></tr>
<tr><td rowspan="2">国窖 30</td><td>30～80元30%</td></tr>
<tr><td>30元以下15%</td></tr>
<tr><td rowspan="5">B</td><td rowspan="5">12</td><td rowspan="5">政务商务</td><td rowspan="5">100</td><td rowspan="3">茅、五、剑 5</td><td>200元以上15%</td></tr>
<tr><td>120～200元30%</td></tr>
<tr><td>80～120元10%</td></tr>
<tr><td rowspan="2">国窖 20</td><td>30～80元30%</td></tr>
<tr><td>30元以下15%</td></tr>
<tr><td rowspan="3">C、D</td><td rowspan="3">800</td><td rowspan="3">居民</td><td rowspan="3">10</td><td rowspan="3">—</td><td>200元以上5%</td></tr>
<tr><td>120～200元10%</td></tr>
<tr><td>80～120元20%</td></tr>
<tr><td rowspan="2">C、D</td><td rowspan="2">800</td><td rowspan="2">居民</td><td rowspan="2">10</td><td rowspan="2">—</td><td>30～80元30%</td></tr>
<tr><td>30元以下35%</td></tr>
</table>

□ 名烟名酒店陈列情况如表5－4所示。

表5－4　名烟名酒店陈列情况

品牌	店类型	陈列店数/家	陈列费（元/月）
十八酒坊系列	A	20	1500
	B	30	500
	C	150	100
衡水系列	A	30	1000
	B	60	300
	C	180	100

续表

品牌	店类型	陈列店数/家	陈列费（元/月）
山庄系列	A	21	1500
	B	45	500
	C	30	300

（4）商超渠道

□ 商超概况

保定市有 A 类商超约 6 家，分级标准是营业面积达到 10000 平方米以上；B 类商超约 16 家，分级标准是营业面积达到 2000 平方米以上；C 类商超约 60 家，分级标准是营业面积在 2000 平方米以下。

□ 商超的铺货、销售情况

A 类商超：

A 类商超铺货、销售情况如表 5－5 所示。

表 5－5　A 类商超铺货、销售情况

品牌	铺货率/%	年销售额/万元
衡水老白干	100	10
十八酒坊	100	15
百年保定	100	40
刘伶醉	100	30

B 类商超：

B 类商超铺货、销售情况如表 5－6 所示。

表 5－6　B 类商超铺货、销售情况

品牌	铺货率/%	年销售额/万元
衡水老白干	100	20

续表

品牌	铺货率/%	年销售额/万元
十八酒坊	100	25
百年保定	100	60
刘伶醉	100	50

C类商超：

C类商超铺货、销售情况如表5－7所示。

表5－7　C类商超铺货、销售情况

品牌	铺货率/%	年销售额/万元
衡水老白干	90	10
十八酒坊	65	5
百年保定	90	20
刘伶醉	95	20

注：渠道情况描述，只列取部分主销品牌的部分产品作为案例展示。

第二节　做局者的成功

如果把时间坐标拉得足够长，历史般描述出市场竞争的变迁，对商业的解析会更有穿透力，也就更具有传世价值和传播意义。过去的十年里，保定地区的市场格局是如何变化的呢？今天的格局又是怎样形成的呢？在这个十年里，可以用两个品牌的典型案例诠释市场格局的演变。其一，是全国化品牌泸州老窖。泸州老窖在保定市场是第一品牌，年销售额约4亿元。泸州老窖在保定市场畅销近10年，可以说它是保定市场的做局者。它是如何做到的呢？其二，是河北地产酒强势品牌衡水老白干。衡水老白干是河北省的第一品牌，年销售额近 20 亿元。在保定地区经过几年精心运作，年销售额达到 2 亿元，成为保定市场第二品牌，可以说，它是保定市场的破局者。它又是如何做到的呢?

做局者代表——泸州老窖

1. 泸州老窖在保定市场的成功

泸州老窖在保定市场的成功，最少应该从两个层面来解读：一是泸州老窖品牌的成功；二是保定区域代理商的成功。要从这两个层面展开，也必须将两者结合在一起来描述，才能勾勒出一个全国化品牌在特定区域获得巨大成功的奥秘。

（1）泸州老窖股份有限公司，具有优秀的品牌基因与历史积淀，是为数不多的全国化品牌之一。泸州老窖的品牌号召力是历史赋予的，是不可多得的稀缺资源。泸州老窖股份有限公司在过去的十年里，秉承品牌运作理念，通过品牌力撬动全国商业，实现全国化扩张。泸州老窖股份有限公司的成功，其混合式品牌模式功不可没。通过混合式品牌模式的实践运用，有效配置产品资源，通过产品区隔撬动经销商，实现市场占有和业绩汇量。泸州老窖股份有限公司的成功不是偶然的，其混合式品牌模式的运用，实际上是一种品牌资产增值与管理的行为。

泸州老窖既是产品品牌也是企业品牌，产品和企业都具有较长的历史积累和消费者美誉度。泸州老窖企业品牌已具备这样意义的品质背书，它是高质量白酒产品的提供者。企业在操作中，运用泸州老窖企业品牌为国窖产品品牌提供高质量信任背书，集中优势资源进行国窖 1573 的高端化塑造。国窖 1573 的高端势能建立后，通过系列公关活动，进一步激活与反哺企业品牌。企业品牌为泸州老窖、泸州和其他产品品牌持续加强信任背书，商业与消费者群体认知大幅增强。发挥品牌影响力，在各个价位段持续开发系列化品牌与产品，通过厂商合作模式的变化实现多区域、多价位、多品牌的渗透。各品牌在相应价位区间进行多产品覆盖，各品牌均由“拳头主导产品”进行引领。通过品牌传播，使得品牌产品化向品牌平台化转变，从而实现品牌资产的积累。企业品牌与产品品牌互动，品牌资产不断优化与提升，企业核心竞争力不断增强。

（2）如果说泸州老窖股份有限公司是产品和品牌输出方面的做局者，那么隆华·乾坤福商贸公司就是区域商业做局者。隆华·乾坤福商贸公司，将泸州老窖百年产品在保定地区做到单品销售额过亿，持续畅销8年，并在这个过程中发展成为商贸公司保定第一品牌。承接全国化品牌泸州老窖，并高效对接于渠道网络，是它赖以成功的本源。它的持续成功，核心之一来自渠道网络构建，核心之二是来自产品线丰满。在过去的九年里，实现了渠道引领和产品驱动。

2. 渠道引领

隆华·乾坤福商贸公司，一直是酒水行业营销模式实践应用的先驱者。前期实行酒店盘中盘模式，操作聚焦引领性渠道，实现泸州老窖百年产品在保定地区的迅速突破。后续率先应用直分销模式，实现泸州老窖百年产品多渠道稳步放量。陆续导入泸州老窖股份有限公司多系列产品，实现全渠道与多价位覆盖，奠定了泸州老窖产品在保定的旺销态势。然后顺应消费上移与渠道变迁趋势，着手构建新一代公关团购模式，实现团购三化运作。以此，助力国窖1573产品破局保定高端市场。

3. 产品驱动

单品突破，多品跟进。以泸州老窖百年产品建立泸州老窖品牌区域势能后，持续增加产品线，实现更多价位占据。持续引进了泸州老窖特曲、国窖系列产品、泸州老窖封坛年份系列产品、泸州原浆酒系列产品、泸州老酒坊系列产品。以此，承接中国经济腾飞大势下的消费升级趋势，并满足更多消费人群的多元化需求。

第三节 破局者的成功

破局者代表——衡水老白干

在浓香鼻祖泸州老窖占据市场头把交椅多年的情况下，衡水老白干作为一家清香型白酒企业，在市场推广上定会面对一定的香型壁垒。然而，衡水老白干却实现了快速破局，几年间达到2亿元销售规模。作为地产酒崛起的典型代表，它的成功有哪些可以借鉴之处呢?

1. 战略规划

衡水老白干在过去五年里实施河北省的区域为王战略，这在两个层面上保障了其成功突破。

（1）消费者基础层面，品牌的核心影响力在省内并以衡水为原点，在河北省区域内可以快速启动消费。

（2）资源投入方面，区域定位实现了衡水老白干的资源聚焦与前置性投入，能够快速启动消费。

2. 品牌策略

实施双品牌策略，衡水老白干定位于中低价位，十八酒坊定位于中高价位。衡水老白干作为企业品牌和产品品牌，具有多年历史和较高的消费者品质信任度，却由于历史沿袭造成了中低档廉价品的消费者感知，不利于中高档产品操作。企业通过推出十八酒坊品牌切入中高档产品，聚焦资源打造其高端势能，快速实现中高档突破，进而带动衡水老白干品牌中低档产品实现增量。此过程包含了企业品牌与产品品牌的互动和品牌资产规划，这也如同泸州老窖的品牌操作。泸州老窖作为全国化企业面对广泛和复杂的商业群体，采用更多的品牌进行复合覆盖；衡水老白干的区域性特点，双品牌策略就可以实现有效支撑。

3. 产品线策略

双品牌策略下的产品线规划，其本质是对消费者多元化需求的掌握。中高档产品以十八酒坊品牌为依托，设计明确的年份系列与钻石系列两条产品线的全省通卖产品群。年份系列产品定位在100元以上价位，产品间价位区隔在50元左右（八年、十年、十二年）；钻石系列产品定位在100元左右的价位，产品间价位区隔在20元左右，既保证了价位带的覆盖，也保证了消费者的清晰识别。衡水老白干作为中低档产品，设置多系列产品线，满足中低价位多元且庞大的消费需求，占据更多商业网络。年份系列、淡雅系列、柔和系列、国标系列等多个系列产品，价位主要区间是在20～100元。

4. 渠道策略

从单渠道培育到三盘联动，衡水老白干顺应了渠道变迁。从早期的团购渠道导入，到酒店渠道培育，再到名烟名酒店渠道分类标准化操作，衡水老白干逐步实现了渠道复合模式。以十八酒坊的渠道运作为例，介绍衡水老白干的渠道操作。

（1）十八酒坊渠道操作概述

十八酒坊渠道操作模式如表5－8所示。

表5－8　十八酒坊渠道操作模式

操作模式	进入保定市场后，首先以公关带动： 意见领袖常年赠饮 品鉴顾问（衡水人） 老乡会俱乐部赠饮 商务人群公关 利用各种机会对企事业单位部门公关赠饮	大力度投入酒店渠道，高额开瓶费，不计成本投入 开始大力运作名烟名酒店渠道，细分渠道类型，甚至采取一店一策办法，精细运作名烟名酒店渠道

□ 从十八酒坊的渠道操作轨迹来看，它充分发挥了渠道组合的策略。它以公关团购导入市场，不计成本地进行酒店投入，在名烟名酒店

寻求销量产出，并且已经取得显著成效。保守估计，名烟名酒店渠道销售约3000万元。

（2）十八酒坊名烟名酒店渠道操作

十八酒坊名烟名酒店渠道操作情况，如表5－9所示。

表5－9　十八酒坊名烟名酒店渠道操作情况

	99俱乐部		联营店	会员店	陈列店
保定数量	10家（全省99家）		30家	百家以上	百家以上
单店任务	100万元/年		30万～40万元/年	10万～20万元	—
政策	10%价差利润月返＋季返＋年返 10%阶段性促销 10%享受衡水集团分红其他优惠待遇		10%价差利润月返＋季返＋年返 10%阶段性促销	10%价差利润返利阶段性促销	10%价差利润返利阶段性促销

□ 十八酒坊对名烟名酒店渠道操作已经成熟，基本形成了一套系统的模式，包括渠道类型细分、渠道政策指定、渠道促销、消费者促销等。

5. 组织策略

企业给予经销商保姆式服务，用大量的组织承接品牌与产品的落地，开展营销策略执行和市场维护工作。聘请咨询公司辅导营销策略，外部采购“营”的职能；内部建立健全销售组织，培育“销”的职能，为市场与客户提供强大而职能完备的组织支持。

第四节　谁是区域市场最后的王者

1. 区域预判

衡水老白干，地产品牌难以沉没！以衡水老白干、板城烧锅、山庄老酒为代表的河北地产强势品牌，将成为不可替代者。在下一个十年，它们在保定的表现，只是价格带占据的问题，不存在全面退出的问题。

三井“十里香”，有没有戏呢？三井“十里香”的成功与否，可以说是一个硬币的反正面，成与败就看下一个五年。十里香通过差异化策略，实现了短暂的突破。十里香若想获得持续成功，需要补上一课。这一课，就是它的消费者价值，就是品牌价值，就是白酒消费的本质。这一课的毕业，就保证了十里香成功晋级到衡水老白干、板城烧锅、山庄老酒等河北地产强势品牌行列，具备了同一层次的区域历史、文化内涵——酒水品牌价值。

刘伶醉，一定再度崛起！刘伶醉的再度崛起一定是可以期待的，虽然具体的时间不能确定。刘伶醉的文化底蕴难以复制，品牌资产不可逆转，其消费者基础在河北省内依然雄厚，这些都将成为它可以快速崛起的有力支撑。至于资本对其的掌控，或是营销环节的操作，都是品牌崛起的手段而已，这些只能影响到其崛起的时间半径。

泸州老窖，难以动摇。泸州老窖品牌的全国化影响力不断提升，在保定地区对消费者的持续培育，与商业群体的立体化深度合作，打造了它极其稳固的江湖地位，难以动摇。

2. 判断依据

为什么有如此判断？可信吗？可能吗？

做此判断依据有三：一曰，对行业本质的理解；二曰，对行业发展阶段的理解；三曰，对消费者价值回归的理解。

（1）**行业本质**：白酒行业的本质是品牌，是品牌的历史与文化，尤其是产地的历史与文化，是不可复制的财富。这就解释了为什么十里香缺一课，也解释了为什么刘伶醉一定会重新崛起，也解释了衡水老白干、板城烧锅、山庄老酒为什么有机会成为河北地产酒强势品牌的典型代表。

（2）**行业发展阶段**：白酒行业的发展是中国经济发展的一隅，一定会遵循中国产业社会的发展轨迹。过去三十年的酒水行业发展也直观地印证了这一点。酒水行业的发展可以根据其核心驱动因素的不同，划分为产品阶段、渠道阶段、品牌阶段、资本阶段等四个阶段。白酒行业发展已历经产品阶段，正处于渠道阶段与品牌阶段的交会点。产品阶段成就了五粮液式的酒界大王和一批依靠广告突破的企业；渠道阶段的典型代表就是凭“酒店盘中盘”异军突起的口子窖；品牌阶段的成功者一定是历经产品阶段、渠道阶段后沉淀下来的具有历史性价值的白酒品牌。资本阶段的核心驱动力是资本手段，而资本疯狂追逐的对象一定是品牌价值深厚的历史性品牌。这就可以解释为什么在下一个十年，刘伶醉一定可以崛起，泸州老窖地位难以动摇。

（3）**消费者价值回归**：白酒行业发展的阶段呈现，其背后是中国经济和产业发展的趋势。行业发展的产品阶段，物资匮乏，产品供小于求，消费者价值不被重视；行业发展的渠道阶段，竞争主导在渠道层面，渠道能够实现有效拦截，消费者价值不被重视；伴随中国经济的持续高增长，工业化与城市化进程加剧，产能过剩，产品供大于求，品牌阶段应时而来，消费者价值开始逐步受到重视，商业竞争从渠道层面发展到消费者心智资源层面。消费者价值实现回归，消费者心智资源成为品牌建设的首要关卡与核心驱动。这就注定了拥有消费者基础的衡水老白干、板城烧锅与山庄老酒的品牌资产将会持续增值，在历史属性上难以消逝。

保定市场如此特别，如此令人着迷，谁是保定市场最后的王者呢？答案是，众生相。商者无域，相容共生。多彩纷呈的商业种群，野蛮生长在这座千万人口的城市。如此大的人口基数，如此的经济发展形势与阶段，如此的行业本质与发展阶段，给志存高远者留下多少遐想空间！

注：以上数据成分仅供参考，不具有法律效力。

第六章

论道中低端，光瓶酒谁主沉浮

四年前，笔者服务于一家东北的光瓶酒企业，赫然发现，这里的一名普通业务员月工资竟然有1万余元，这名业务员却也只负责了河北石家庄的三个县级市场而已。就是在今天，又能有几家优秀的酒水企业会产生出这样的县级业务员呢？关于光瓶酒企业，其实有很多不为人知却又足够令人震撼的事情。这家东北的光瓶酒企业年销售额已经达10余亿元，而与它同是一个县城的另一家光瓶酒企业年销售额已经接近20亿元。

二十一世纪的第一个十年，中国经济迅猛发展，全国人民消费水平不断提高。在这个十年里，大多数酒水企业的心理意愿，以及承接市场机会的行动，都瞄在了不断提升价位的盒装酒身上。绝大部分企业忽略了光瓶酒，瞧不上光瓶酒了。然而，调查显示，目前2000多亿元的白酒销售额中，约240多亿元是光瓶酒的贡献。那么对于光瓶酒，你又了解多少呢？

第一节　光瓶酒的三种势力

光瓶酒品牌繁多，市场管理混乱。光瓶酒市场虽然竞争激烈，但是竞争格局相对明了，主要由三股力量构成。

1. 传统的老牌名酒的光瓶酒

传统的老牌名酒的光瓶酒具有全国化品牌影响力与美誉度。比如，北京二锅头、绵竹大曲、尖庄、沱牌等，依托传统全国化名酒品牌优势，拥有固定的消费群体，其中北京二锅头经久不衰，绵竹大曲表现平稳，尖庄则势头不再。

2. 地方光瓶酒品牌

地方光瓶酒品牌操作较好的有河南宋河酒业的鹿邑大曲、河北三井小刀、沈阳的老龙口等，在所在区域内均有强势表现。鹿邑大曲在河南有3亿多元的销售额，河北的三井小刀也已经有3亿元左右的销售额。另外，大批的地方名酒品牌忽视了光瓶酒的市场，都是随带着平稳操作，乏善可陈。

3. 近几年迅速崛起的东北酒

近几年迅速崛起的东北酒以老村长、龙江家园为代表，同时群体性出位大量跟风品牌，如小村外、黑老大等也有所表现。这些品牌专注光瓶酒市场，有志于光瓶酒品牌全国化运营，并在操作中找到了可复制的具有实效性的营销模式，它们所到之处，毫无准备的地方性名酒品牌光瓶酒往往丢盔弃甲。

全国性名酒的光瓶酒品牌和大部分区域性名酒的光瓶酒品牌，主要依靠自身的品牌拉力或者企业高档产品的拉力提升销量，没有对市场进行太多的关注，因此市场表现稳中有降。以鹿邑大曲和三井小刀为代表的地方性光瓶酒，是地方名酒光瓶酒中的异端分子，它们运用分品牌模式关注光瓶酒市场的成长，为光瓶酒运作倾注大量资源，加之地缘人脉、文化认同等多方优势，自然表现超常。而东北酒千里跋涉全国化运作，主要依靠对消费者需求的深入思考，采取灵活多变的促销方式来保持市场活力和对本土品牌的冲击力，辅助以对整个渠道链成员从利益到服务的系统支持，从而迅速攫取市场份额，表现出较好的上升势头。

第二节　东北酒凭什么横扫全国光瓶酒市场（上）

大家一直以来对东北光瓶酒有这样一种偏见，说他们会做促销活动，促销方式灵活多变，他们对品牌没什么操守，也没什么建树，就会贴贴宣传画，弄个笑星撑场面。笔者想，如果对别人的成功都加以如此粗枝大叶的评价，而不进行深入的分析理解，那无疑你迈向成功的步伐会很艰难。不妨带着这样的疑问来看看下面这段文字，看看东北酒的成功是不是真的有据可依呢？

1. 品牌策略：定位清晰，传播精准

东北光瓶酒对品牌操作是非常重视的，或者说，在探索中找到了一种很高明的方式。市场上的东北光瓶酒，品牌推广方面都在做两件事情：第一，请一位明星或者笑星做形象代言人；第二，品牌宣传方面必做的三个动作：车辆的喷绘广告、宣传物料（包括 POP、条幅、写真板、吸塑画等）张贴、终端门头店招的制作。然而，很多人觉得稀松平常的东西，其实正是它们已经模式化且卓有成效的品牌策略。

它们的品牌定位清晰，早期聚焦在 10 元以内的光瓶酒市场，主要消费对象是村里的农民和外出务工的最基层打工者。品牌形象清晰，针对目标消费人群，设计形象代言人，都是农民喜闻乐见的笑星，这给消费者传递的信息，就是这种酒很贴心、很适合。

可以掐手指算一算这几位笑星的名字，郭冬临、范伟、潘长江、陈寒柏、巩汉林、李琦、王小利、小沈阳，这其中甚至有几位明星，陆续代言过几个品牌的白酒。回过头来看看全国各地的酒厂，它们的作为呢？全国性名酒厂就不必谈了，哪一个企业会为自己的简装酒专门聘请形象代言人，那不是傻掉了。地方性酒厂呢，表现好的会为企业请一个代言人，其形象一定是庄严、气质、内涵型的，几乎没有哪家企业会为自己的光瓶酒聘请形象代言人，贴近低档酒消费者的代言人。

如果你认为，是东北光瓶酒企业有钱，才为光瓶酒请形象代言人，或者说，他们的策划人员有才能看得深远。可以告诉你，绝不是这样。东北光瓶酒的早期操作都是投机取巧的动作，所谓形象代言人，并没有那么深入的合作，只是购买其一张肖像权而已，费用不过几万元人民币。无论怎么说，这种技巧或者模式，被东北酒企业所认同并固化下来，形成了一套品牌定位传播策略，而这个策略又是那么先进与高效。

它们的品牌传播针对性极强，集中所有资源，围绕终端做推广。无论是宣传物料的张贴还是门头店招的制作，都是把好钢用在刀刃上的作为。光瓶酒的消费者，夸张点说就是村里那些人，他们流动性弱，对信息流的掌握也相对较弱，对酒水宣传信息的了解往往就来自酒水销售网点处的宣传，而配送车辆的宣传，就是一个流动广告平台。这一点，不是东北酒率先运作的，但是在很长一段时间内，它们是做得极致的。

2. 产品策略：顺应潮流，满足需求

在价位选择方面，东北光瓶酒顺应潮流，满足了消费升级时代消费者价位需求的变化。21 世纪初，当市场上还在销售 3、4 元的光瓶酒时，东北光瓶酒率先突破价格限制，而又没有盲目地去触动高端价格。早期的东北光瓶酒把产品定位在 5 元/瓶，而不是 10 元/瓶。定位 5 元，是一个极其科学的操作。该操作首先在经济发展中，顺应了国家消费上移的趋势。所谓消费上移有两个表现：一是国家货币贬值，物价必定上涨，货币购买力下降，自然消费上移；二是消费者确实因为国家经济的发展，手中有了一定的财富存余。在这种情况下，生产厂家将为市场提供更多更贵的产品，就顺应了国家市场经济的发展，也可谓是顺应了消费上移趋势。5 元这个价位既具备了消费者接受度，也具备了营销的可系统操作性，为品牌定位与传播推广、渠道深度分销操作的组织与物流都提供了物质保障。21 世纪第一个十年走到中途，当 5 元价格带取代 3、4 元价格带的时候，东北光瓶酒一举奠定了全国化光瓶酒的龙头地位。

在酒水包装方面，东北光瓶酒做出了非常多的尝试，满足了广大消费者的不同需求。在市场上转一转，你会发现东北光瓶酒的产品可真是五花八门，从塑料袋装、塑料壶（也列入光瓶酒范围）的产品，到瓷瓶、陶瓶、玻璃瓶、塑料瓶，各种容器、各种规格的都有，其中不乏精品造型包装：葫芦瓶、手雷瓶、绿竹瓶、酒篓瓶、酒壶瓶，容量涵盖 50ml、100ml、125ml、225ml、250ml、300ml、330ml、450ml、500ml、550ml、600ml、700ml、1000ml、1500ml、2000ml、5000ml 等多个规格。这些不同的规格、不同的材质包装，同时覆盖着不同的价位，满足了中国酒民广泛而又细分的审美需求与消费需求。

3. 渠道策略：深度分销的王者

中国的深度分销策略已经喊了十几年。快速消费品行业、食品饮料行业都在操作，就算没有操作的也都在旁边吆喝。可是谁知道呢，居然就是东北光瓶酒企业，在深度分销方面下了苦功，冥冥中成了深度分销的王者。它们是怎么做的呢？

协助县级经销商开发分销商，协助乡镇分销商进行走村过巷的渠道服务，开展村村通送货与服务。这个村村通工程可不简单，这正是笔者为何敢说东北光瓶酒在渠道深耕方面做到王者地位的原因。协助乡镇分销商进行雷达式终端网点过滤，走进每个县城的每个乡镇的每个自然村，定期地进行产品推介、铺货、兑奖、回访，定期地与村级零售网店沟通。这是每一个饮料企业梦寐以求的操作，可是它们做不到。娃哈哈和康师傅是中国渠道的王者，在农村市场的下沉操作中，也只能靠分销商的自然分销。走街串巷、走村入户的产品渠道推广，在娃哈哈和康师傅那里只能是偶尔的行为，一般用在新品推广上。而东北光瓶酒将这点做到了常态化，几乎是每个月一轮的铺货，无论是三伏天的白酒淡季，还是三九严寒的冬天，在一个月的时间内，有序地完成一个县城 10 个左右乡镇所辖的每一个自然村的终端铺货。这种固化的深度分销行为，是其能立于不败之地的一大根本举措。

如何实现协助分销商开展村村通工程呢？常态的模式是一人一车一商的标准配置。一人就是指一个业务员，一车指的是一辆送货车、一个司机、一满车白酒和促销品，一商是指一个乡镇分销商。企业提前与分销商沟通确定铺货日期，一般一个乡镇需要 2～3 天时间，企业派业务员与司机载满货物从经销商处出发，到乡镇分销商店面处接上分销商，这就完成了第一步，实现企业方与分销商的对接。第二步，在分销商的安排下，决定铺货行程。分销商是乡村“关键人物”，唯有他们才是村村通工程的关键环节。可以想象，就算是这样的深度分销，企业每个月与乡村中网络的见面率也就只有 1 次左右，终端的安全感和后续服务都来自分销商。第三步，结算成果。一天的地毯式铺货结束，回到经销商店面处进行利润清算。因为白酒产品、终端促销品、车辆、油费，所有的费用完全来自非分销商环节，利润的清算变得极为简便，只需要将所销售数量产品的分销商利润清算给分销商即可。在这一天的分销铺货过程中所产生的终端赊欠行为，完全由分销商承担。

除了常态的标准配置，东北光瓶酒企业还阶段性采取集中突击行为，即在市场运作的某个阶段，集中可集中的所有业务人员对该市场进行帮扶性人员推广。这种推广节奏性极强，对市场影响效果显著。一般可分为这样两种集中突击支持：一是纯粹宣传性的品牌推广，集中组织大量车辆（都是有广宣的车辆），车队巡回行驶展示，播放宣传广播；二是渠道产品推广，集中铺货，多路人马分头行事。当人们一夜醒来，发现已经被这个品牌包围了。集中突击的好处很多，它可以快速实现营销动作的联动，烘托整体氛围，对商业群体和消费者的视觉冲击力及品牌影响力都能起到成倍释放的效果。当然，无论是常态深度分销，还是集中突击行为，都离不开强大的组织保障。

4. 组织策略：模式化复制，前置化投入

县级市场 1 个业务员、1 辆车、1 个司机，这已经成为东北光瓶酒的标准组织模式，这也是配称深度分销模式的必然选择。当然，这种行为需要一个相对较高的组织成本。正如你所见，市场运作成熟的时候，通过厂商一体化运作，企业可以将这些麻烦转嫁给一级代理商。比如，企业搞个打款赠车活动，就轻易地将专属广宣车的问题解决了，既然已经是代理商自己的车辆，油费自然不好意思再找厂家索要。比如，产品旺销后，经销商忙不过来，要招聘人才、组建自己的队伍。一些企业业务员开始升职，从负责 1 个县级市场，到负责 2～3 个县级市场，直至成为片区主管。经销商自己的队伍有了，自然不需要企业重新配个业务员。企业成本转嫁是每一个企业都希望实现的，反过来看，实际上转嫁以前的成本就是企业的前置性投入而已。这个前置性投入的时间长短，成本转嫁在何时实现，都在于产品操作成熟的快慢。它的一个拐点，就是代理商通过销售企业产品是否实现了预期利润，并对未来利润的期望有安全感。

在城市市场，东北光瓶酒企业很多采取直分销模式。扁平化渠道结构，办事处取代总代理的角色，业务人员分区域负责分销商，实现企业组织对终端闭合式服务。这个直分销与县级市场的深度分销有何异同？其异处根源来自两地分销商的作用或者说功能不同。县级市场的乡镇分销商关键作用极其明显，企业和代理商对它的仓储与渠道网络服务功能依赖十分强烈。而城市市场的分销商，企业或代理商对其渠道网络服务功能依赖程度不够高，能通过自身队伍的建设取代分销商职能。所谓直分销，就是企业直销队伍与分销环节能够实现替换的营销模式。而直分销模式适合城市市场，深度分销模式适合县城市场，这根源就在于城乡市场的差距，物流成本、消费比重、消费集中度上的重大差距。

东北光瓶酒的组织策略，就在于其对人员与车辆的重视和应用程度，更在于它前置性的组织资源投入模式。对人员与车辆的重视，体现在两者的数字上。龙江家园和老村长的市场营销人员数量都常年保持在1000 人以上，车辆也是数百辆。

东北光瓶酒还有这样一个组织建设法宝，即熟人组织建设，或者说老乡策略。企业源源不断地从东三省带出销售队伍，很多还是亲戚带亲戚式的带动。东北老乡销售组织有这样几个好处：一是文化相通、性情相近，便于高效沟通与号令；二是背井离乡出外闯荡的东北人目的性很强，为了赚钱，就只有拼命卖酒；三是东北人卖东北酒，天下的老百姓都觉得靠谱，是厂家调来的人员，操着一口东北话，给人如假包换的感觉。

第三节　东北酒凭什么横扫全国光瓶酒市场（下）

5. 促销策略：新鲜多变，阶段提升

东北光瓶酒在促销方式上的灵活多变是出了名的。早期的东北光瓶酒企业为了实现产品突破，随时关注小商品市场动态，以一个业余淘宝家的身份，足迹遍布全国各地小商品集散地。随着企业逐步走上正轨，更是组建市场部，建立专门组织针对性淘选促销品，与正规企业展开合作。

在促销策略上，它们走过以下几个阶段：

（1）第一阶段，大胆尝试，一切皆有可能。企业的很多促销品来自某个灵感或是身边常见的物品，企业不给自己设置障碍，拿过来用是第一位，让实践来检验成效。为消费者提供实用的，或是好玩的，或是新鲜的、与众不同的，或是可供纪念收藏的物品，不断变换种类，调动与把握消费者的兴奋点是他们的追求。这之中有成功的，也有失败的，这些都合在一起，就是你见到的那些灵活多变的促销活动。这一阶段，企业以促销品采购方式的方便高效为另一个主要考量方向。对促销品求新求实，然而对促销品的品牌或质量考量较少。

（2）第二阶段，与著名企业合作，提升促销美誉度。随着消费者品牌意识的不断提升，也随着东北光瓶酒企业自身品牌的不断积累，企业开始考虑促销品的档次感问题。促销品不但要配得上产品，不给产品掉价，还要通过促销品提升酒水品牌的美誉度。这之中，龙江家园酒与奇强洗衣粉的合作，以及老村长酒与诤友烟嘴的合作取得了较好的效果。

（3）第三阶段，主题性促销，跟进时事，促销共振。随着企业规模的不断扩大，销售区域的不断扩张，企业希望借助促销完成整体氛围打造，实现品牌共振效应。让促销品主题化，让促销品时事化，成为企业促销的一个方向。龙江家园曾经在年末策划了“金珠银珠转不停”活动，结合了民间传说的百年一遇金猪年，取得了非常好的效果。2008年是中国奥运年，龙江家园又充分迎合国运，策划了“喝龙江家园，赢奥运金牌”活动。

这三个阶段的促销策略转变，没有明确的分界，有时也是交织进行的，比如龙江家园与奇强洗衣粉合作开发小包装洗衣粉促销品。在2008年夏季，龙江家园策划了一轮名为“干干净净一夏天”的主题性促销，就是充分运用与著名企业合作开发促销品展开的主题性促销活动。

6. 成本控制：专注细分，寻求规模效益

专注于光瓶酒，快速扩大市场规模，也就快速实现了采购规模化，自然在成本上获得了无可比拟的优势。东北光瓶酒定位清晰，专注细分市场，首先在经营价值观上就饱含着求规模的思路，寻求规模效益。无论在产品成本上，还是整体运营成本上都实现了最大化摊薄。

7. 管理：灵活性，学习型

灵活性方面。草莽出身的东北光瓶酒企业，具有天生的业务思维，在市场运作中，一切以实现销售为目的，为达目的可以“不择手段”，这就奠定了企业具备高度灵活性的基础。这种灵活性的根源，来自企业商业策略的灵活性，即厂商合作模式灵活。省级代理，县级代理，厂家直营办事处，不同区域有着不同的厂商合作方式或者说市场运营模式。不同的市场运营模式决定了操作的多变性和复杂性，必然导致区域内存在极大的灵活性。

学习型方面。企业在多年运作中，坚持学习与创新，并把创建学习型组织当作一件不容置疑的大事来做，当作一件管理工作来做。把学习当作管理的手段和方法，提升组织认识与技能水平，这是来自企业对自身的深刻了解。草莽出身的营销团队有实战经验，但是在理论分析和专业指导方面是非常落伍的；自身的细分市场本身也在不断变迁，而且随着企业规模的做大做强，图谋更多的品类、价位和更多元的事业，需要不断地学习以适应。以龙江家园为例，先后聘请了几家营销咨询公司为其服务，跟着专家学习营销策略和运营策略，并且组建了自己的营销培训学院，请各路专家来为企业培育新人、回炉老人。

第四节　光瓶酒的下阶段如何发展

光瓶酒的发展，我们可以带着疑问从很多角度去思考，去做足够的假设，然后抽丝剥茧般地寻找最具有可能的方向。

1. 价格带还可持续上移吗

价格带的上移已经持续很久了，从 3 元左右上升到 5 元，只是一个开始的序幕。很多企业在 10 元价格带取得了突破，地方性企业如河北宁晋的泥坑，东北酒如龙江家园的珍品高粱酒。目前的 15 元价位，已经基本可以看到突破的端倪。鹿邑大曲的 10 元和 15 元产品销售都很好，龙江家园以爽朗型白酒概念操作此价位光瓶酒也有一定效果。

下一阶段的光瓶酒价位竞争，主要在 10～20 元。很明显的，15 元和 20 元的价位正在培育之中。再之后呢，会怎么样？我们看到，山西汾酒的光瓶酒，操作 30 元左右价位已经多年，在局部地区也有所表现。我们还看到，三井小刀的一款光瓶酒，在河南许昌的一个乡镇超市里标价 60 元。其实，可以想象的空间还很大。

2. 三类光瓶酒企业的变化，狭路相逢

在国家经济发展、城市化进程持续走强、消费升级持续走强的大背景下，相信未来几年里中国酒水行业还会迎来一个持续上扬的发展态势。在这个过程中，三类光瓶酒企业都会迎来新一轮的高发展契机。然而，它们要走的路还是充满差异性和碰撞性。

全国化名酒阵营的光瓶酒和地方名酒阵营的光瓶酒，将会毫无疑问地迎来一个超高速发展阶段。在这个阶段，它们的品牌优势将会凸显无遗，而其成本压力在不断走高的价位面前变得逐渐微不足道。

全国化名酒的光瓶酒之路，还会有这样两个可能：一是出现专注全国化名酒阵营光瓶酒的经销商队伍，为其全国化运作提供网络支持；二是全国化名酒企业通过资本手段扩张产能，并通过相应平台实现光瓶酒全国化运作。

地方性名酒阵营的光瓶酒，深厚的文化底蕴和地缘优势在更高的价位面前威力陡增，会有更多的地方性企业通过分品牌或是分事业部的方式进入光瓶酒领域，来切分这块变大的蛋糕。

在接下来的这个阶段，东北光瓶酒企业，是三类企业中最具危机的一个单元。在专注光瓶酒获得成功后，它们都在做一件事，就是向盒装酒领域发力，向更高的价位冲刺。那么，它们面临着这样两种困境：一是对盒装酒的操作没有可复制的成功经验，很难简单地获得想象中的突破。对于它们而言，盒装酒事业是一朵美丽的玫瑰花，要摘得这朵玫瑰花，不但要绕开花刺，还要牵涉大量精力和资源。我们看到在市场上，龙江家园的爽朗型年份盒装酒，还在围绕着C/D类小酒店做着终端物料宣传，还是那些做光瓶酒的手法，如此复制似乎不妥；二是在高档光瓶酒的竞争中，竞争对手的品牌附加价值不断提升、资源限制性也不断被破除，东北光瓶酒企业的整体竞争力因此相对削弱。竞争会进一步升级，对他们的营销模式会提出更严峻的挑战。

第七章

中小型白酒企业的N种死法

在中国改革开放四十余年来的浪潮中，中小白酒企业获得了前所未有的新生力量，不断崛起、壮大。尽管如此，在激烈的市场竞争中市场总是无情的，中小白酒企业在兴起与衰败之间“生死交替”已经成为白酒行业发展规律的代名词。

人有生老病死，企业也有生老病死。生病后没有得到有效的救治，无论是人还是企业都会病入膏肓。企业生病要么是先天不足（内部机制不健全），要么是机制老化（按部就班，诸如论资排辈、荣辱“难”共、毁誉相争，权益不公），要么是外部环境发生巨大变化（就如同穿着衬衫的人在暴风雪突降时不知道穿羽绒服取暖一样）没有及时反应或者有效应对，导致机体内部产生了病变，没有得到及时有效的治疗和重视，由感冒开始久疾而终。

回顾白酒行业近年的发展历程，特别是中小型白酒企业的发展，通过研究我们发现了一些具有共性的生存规律。导致中小型白酒企业落败或衰亡的原因各不相同，有些是原生性的，一直就与中小酒企的成长历史相生相伴，至今仍然在严重腐蚀着中小酒企的机体；有些却是新生的，是近几年才出现的，尤其值得中小型白酒企业警惕。

第一节　兄弟情和区域顺境

1. 元老功勋开疆拓土腕难割，死于兄弟情

人类是情感表达最丰富的生物，人是讲感情的，首先我们肯定任何情感对我们来讲都是弥足珍贵的。创业的时候，很多老板往往都需要这些感情联结起来的亲情、友情的帮助。但是处理不好，这些亲情、友情也会成为企业发展的累赘。

我们经常能听到员工或者老板讲的一句话："×××跟我开疆拓土N年，没有功劳还有苦劳。"我们赞同厚待这些曾经伴随老板一起打江山的勇士，我们也该敬仰他们。但是，把这些元老功勋们放在一个自己不能胜任的工作岗位上却是企业开始衰亡的信号。这里表现的是老板的仁慈，却是企业的悲哀。正所谓："元老功勋开疆拓土腕难割，老板念及旧情企业必然死于兄弟情。"

这里给大家一个小小的启示：太平洋建设集团的严介和先生当年做《赢在中国》嘉宾的时候曾经说过，他的企业的用人观念是九个字"零地缘、零血缘、零亲缘"。元老功勋哪家企业都有，如果没有"地缘、血缘、亲缘"在中间纠结，老板的用人决策会相对更简单、更容易。

2. 沉浸在成功的喜悦中，死于区域顺境

"生于忧患，死于安乐。"通过研究，我们发现不少区域强势的中小型白酒企业往往死于安逸的区域环境。在自认为被守护得如铁桶般密不透风的区域市场内，因为自己太成功、因为自身品牌在区域内优势太明显，而忽略了竞争对手、忽略了市场环境变化带来的竞争风险，最终导致企业死于区域顺境。

河北邯郸的丛台酒曾经是河北地产白酒第一品牌，在河北石家庄、邯郸等众多区域市场都取得过骄人业绩，企业经营一度顺风顺水。但企业经营者无论如何也不会想到，那时的河北市场白酒竞争环境已经悄然变化。当白杨老窖、蒙古王、金六福、黑土地、道光二十五、衡水老白干、板城烧锅、山庄老酒等不同区域的品牌纷沓至来，以各种奇招异术攻占河北时，丛台没有及时做出反应，没有对新入竞争品牌进行防御应对，导致丛台酒在短短几年的时间里，就从河北大区域强势品牌沦落为河北邯郸地区的强势品牌。虽然企业几次努力试图再现当年辉煌，实现河北省内大区域崛起，但却希望有余、前路漫漫……

第二节　企业文化和心态

1. 自我欣赏、故步自封，死于企业没文化

首先，我们先给大中小型企业经营行为做个不同阶段的有效行为划分：小型企业做人，中型企业做制度，大型企业做文化。意思就是说，做人做事那都是企业经营的初级修炼，当企业规模再上一个台阶后，就不再是靠某个人能实现管理的，必须依靠制度的建立实现管理。当企业足够大，制度只是企业文化的附属品。企业文化一旦形成，就决定了什么样的人能留下来继续为企业服务，什么样的人能够有升职空间，什么样的人能得到领导的赏识。企业文化才是大企业的终极竞争力，这些文化决定了企业能吸引什么样的人才，人才的素质决定了企业的发展方向，也决定了企业的兴衰。

通过梳理、总结，我们发现，中小型白酒企业的人员素质普遍不高，企业主的整体素质也参差不齐。由这个结果我们发现，那些取得阶段性成果的中小型企业主往往在成功后思维空间就不能得到有效拓展了，大部分企业在做到制度管人后，企业文化的建设基本就被忽略了。

当企业主的心智模式和思维模式里没有企业文化建设这部分思考时，实际上企业经营管理就进入了一个没有文化的时代。无论是没有企业文化，还是企业文化价值扭曲，都是企业死亡不可抗拒的力量。

2. 不服输的心态、他能干的我就能干，死于心理失衡

经常能听到那些“老糖酒”说一句话“我当年做酒的时候，××××公司老板还给我当业务员呢”，或者说“我当年做××××品牌的时候，××××还蹬三轮车送货呢”。这里既有成功之后被超越的心理落差，也有竞争失意的感慨。

对于大部分企业主来说，有一种不服输的心态不是一件坏事。但是对于那些盲目攀比，对年青一代企业家成长不屑一顾的企业主来说就不是一件好事。做企业的人要保持一个良好的心态，因为思想决定行动。心态不对，行动就容易产生错误，最后毁人毁己。但是，企业家要保持一个良好的心态不容易，尤其是涉及利益格局和利益分配的时候。其实，因为时代不同，竞争环境变化多端，别人能干的事情你还真不一定能干好；你能干好的事情，别人也有可能学不来。因此，一定要合理调节心理平衡。

笔者多年前服务的一家酒企，其老板一直是笔者比较敬仰的人。这个老板在当年操作的一个品牌于整个中原地区获得广泛成功后，信心大增，一直致力于第二、第三个品牌的打造。其品牌操作和市场开发的足迹曾经南下重庆广东、东越上海、西上西安、北上哈尔滨，进行全国征战，但结果却是节节败退，没能实现第二个品牌的成功打造，也没能实现人生事业的二次辉煌。

第三节　盲目扩张和资本整合

1. 高歌猛进乘胜追击，死于盲目扩张

在民营中小型白酒企业里盲目地扩张、贪多求大现象层出不穷。早年的秦池是最好的例证，因为不注重基础建设，不练内功，内部管理混乱，在盲目扩张的催熟下，企业迅速走入消亡。俗话说，“刮风下雨不知道，自己兜里有多少钱这个肯定知道”。企业主如果不知道自己兜里有多少钱，或者不能有效掌控自己兜里的钱去盲目扩张还会导致企业猝死。

还有一种情况是由于企业过分依赖企业主的个人能力，可供使用的资源往往又高度集中，一旦个人的判断力出现偏差，或是个人出了意外，必然使企业高度不灵并遭受重创，结果导致企业猝死。

关于死于盲目扩张这个话题最鲜明的案例可能要属太子奶掌门人李途纯事件。据媒体报道，太子奶在全国布局配置的几家工厂中，单黄冈基地一个厂的产能就能满足太子奶集团全年的销售需要，其他工厂从产能、供需的角度看基本没有存在的价值及意义（当然，这里不对土地、厂房等固定资产的升值溢价带来的价值及意义做阐述）。据媒体披露，盲目扩张导致资金链断裂是李途纯事件的导火索。所以，企业因为冒进而死，往往都死在企业最为辉煌的时候，尤其令人可惜。这里或许能够给予我们中小型白酒企业些许启发。

2. 行业品牌集中、资源密集，死于资本整合

洋河和双钩的整合似乎给业界的所有企业提了一个醒，原来竞争整合可以这样玩。当洋河和双沟的整合尘埃落定时，似乎一下子改写了酒类行业近30年不变的竞争格局。这种格局的改变给了白酒行业无数的猜想。其实，洋河整合双沟是资本整合力量的绝佳体现，正是因为进入资本市场，才促使洋河有足够的资源和勇气来整合另外一家强势区域白酒企业（当然，政府也功不可没）。

在经历了一个漫长的经济危机后，资本市场似乎有了些许沉寂。但是对于那些专业投资客来说一刻也没有停下脚步，而是将投资的方向从新兴产业和出口贸易类企业开始慢慢向传统行业转移过渡。市场经济讲的是优胜劣汰，激烈的市场竞争中，由于力量对比悬殊，在国有资本和外国资本的双重挤压下，中小型白酒企业的生存空间空前狭窄。中小型白酒企业发展的黄金10年已经悄然过去，中小型白酒企业的生死挑战已经剑指资本。

无论是帝亚吉欧入主水井坊还是高盛入主口子窖，都释放出一个信号，那就是外来资本已经死死地盯上了中国传统白酒行业。其实，国际资本关注白酒行业已经不是什么新闻。目前，坊间还流传多个国际资本欲收购白酒企业的传闻，无论传闻怎么变化，有一点可以肯定，那就是白酒行业已经进入资本整合时代。这个传统的资源密集型、资源依赖型行业一直以来对资本的介入都是孜孜以求的。进入资本整合时代后，资源相对匮乏的中小型白酒企业会成为资本整合最大的牺牲品，只有一小部分会成为受益者。例如，黑龙江市场的玉泉方瓶，在华泽集团入主该企业后，其在黑龙江市场的营销水平明显提高，是资本的力量唤醒了沉睡已久的品牌活力，被资本青睐的品牌在市场的舞台上流光溢彩。

第四节　品牌升级和管理升级

1. 利润追求结构调整，死于品牌升级

从白酒的品牌发展和裂变整体来看，本质上只有两种模式：一种是单品牌多系列，即母子品牌模式，是递进型品牌关系；另一种是双品牌多系列，即兄弟品牌模式，是并列型品牌关系。这两种品牌发展模式是最常见并且成功案例最多的两个模式。从近十年的白酒品牌发展路径梳理来看，一个企业多品牌（这里主要指分别独立的品牌）运作并成功的案例几乎不存在。当然，作为集团公司架构下的多品牌独立运营商的华泽集团是个例外，也是个多品牌整合、独立运作成功的典范（这里不做详细探讨）。但是，单品牌和双品牌运作成功的案例却不绝于耳。由此引出一个话题，中小型白酒企业因为同样要对产品结构调整和利润增长进行追逐，就必须面对品牌升级这个课题。

□ **单品牌战略，固定的品牌形象不能逾越的品牌障碍。**

从早期的白酒品牌发展逻辑研究来看，绝大多数企业走的是单品牌多系列的品牌发展塑造路径。近些年，由于传统老品牌受多年持续传播的影响在消费者心中的品牌形象老化，消费者对品牌定格化严重影响了在消费者消费结构升级大背景下的品牌产品线上延工作。单纯的硬性提价，因为没有“茅五剑”的绝对品牌优势及品牌稀缺性资源做支撑，多数会以失败告终。为了适应这一明显的竞争环境及消费结构变化，很多企业开始尝试性地进行双品牌运作。在单、双品牌升级过渡的过程中，能否摆脱原有品牌的形象困扰成为品牌升级过渡成功的死穴。

□ **双品牌战略，没有资源支撑会死得很惨。**

双品牌战略的导入成功自然能解决企业品牌困境问题，也能达到产品结构调整和利润提升的目的，但是成功的基础是有相当的资源进行支撑的。没有相当的渠道资源和媒体资源进行支撑，双品牌战略会死在出征的路上。笔者早年服务的一家企业，曾经为了实现产品线结构升级推出了全新的品牌××××，正好在石家庄市场遭遇本土品牌衡水老白干双品牌战略“十八酒坊”品牌的针对性竞争对抗。在持续1年多的对抗中，笔者服务的这家企业因为不看好市场前景，同时受资源预算的制约不得不收缩战线，最后只好草草收场（这家企业当年在石家庄有1000万元左右的销量，几乎都投入市场，前期的市场氛围甚好）。而同样为1000万元左右销量的“十八酒坊”，在这轮竞争对抗中因为资源优势牢牢地站住了脚跟，从而奠定了其河北王的基础。

□ **媒体传播双刃剑，不伤人则伤己。**

品牌的升级，传媒投放的选择和管控直接决定企业品牌升级的成败。媒体在市场化的过程中需要的是良知，而企业家在与媒体打交道的过程中需要的则是明智。对于企业来说，媒体是一把双刃剑，运用得好，可以大大帮助企业发展；运用得不好，不但对企业毫无帮助，反而会伤及自身。

核心观点：有能力、有方法去做好品牌升级是好事，但是品牌升级不是唯一的出路，打造品牌在消费者心中的纵向深度也是重要手段。

2. 方向迷失、经验匮乏，死于管理升级

近年来，白酒行业化的智业咨询行业发展一片欣欣向荣，这才有了笔者在此一书才智的机会。然而，白酒行业化智业咨询行业蓬勃发展的背后透视出的却是中小型白酒企业在营销和管理上的迷茫。这里既有企业主的迷茫，也有职业经理人的困惑，由此引出了中小型酒企管理升级的话题。首先明确一个观点，管理升级是绝对正确的战略部署。但是，如果这种升级仅仅是给8马力的拖拉机升级一个12V的宝马发动机，那后面的结果一定是悲剧，而不是喜剧。

企业管理坐以待毙，不升级是等死，升级路径不对是找死。有不少中小白酒企业，企业主自身素质不高，小富即安，缺乏远大目标和长远的发展战略。不能随着市场的变化而及时调整产品结构、人才结构、产业结构，这种企业会慢慢因为没有升级而消亡。

在发展过程中，有些企业虽然有一定的规模，但是由于各种原因，企业始终未能建立现代企业管理制度。管理不善，导致成本上升；分配不公，导致士气低落；企业没有创新动力也没有创新的能力，导致企业产品积压、营销受阻；职业经理人经验不足，导致企业资产流失严重，市场表现一片萎靡。由于企业管理不规范，处处违法违规，毛病诸多，授人以柄。这样的企业即使再有宏伟目标、远大抱负，由于自身不规范，也只能是“壮志未酬身先死”。

这里给大家分享一个案例：笔者的一个朋友经营着一家 3000 万元规模的小型白酒企业，一直受制于企业规模和人才、管理模式，发展举步维艰。朋友强烈要求笔者举荐一个在大中型白酒企业有任职经验的职业经理人来帮他打理生意，以实现管理上瓶颈的突破。通过多方沟通，笔者向这个朋友举荐了一个知名白酒企业大区经理。但是 1 个月后，双方的合作就结束了。究其原因，这个大区经理到企业任职后，按照自己的思路和想法进行管理操作（主要是沿用原有企业的整套操作管理系统导入操作），虽然与老板也有明确沟通，但是因为没有考虑这家小企业的实际情况，仍然延续其过去在企业里的方法进行操作，导致这家小企业在适应性上发生了问题。两个月内上人、上车做终端、买店、促销上美女，这个升级思路本身没问题，但是对于一家只有 3000 万元规模的企业来说，这一系列的庞大管理升级系统被从大型知名酒水企业植入这家小企业后，就如同拖拉机被升级了宝马发动机一样，看上去很美，运转起来一定是悲剧。

第八章

中小型白酒企业的品牌王者之路

笔者通过长期的研究发现，中小型白酒品牌发展的黄金十年已经悄然过去。以省级市场为单位的区域板块市场新品牌层出不穷，你方唱罢我登场的品牌拓市乱象已经逐渐趋于平和，新上市的小白酒品牌成功的概率正在逐年递减。在全国很多区域市场范围内一年喝倒一个品牌的现象即将终结。从近两年笔者持续关注的河北、山东、河南、安徽、湖北等市场的品牌入市拓展情况来看，新兴中小型白酒品牌入市拓展的品牌数量下降趋势明显。这种趋势的到来既有企业主对企业经营管理风险控制的理性回归，也有消费者消费理性回归的影响。

在白酒行业的品牌阵营里，在第三、第四阵营中，主要是中小白酒品牌。它们要么局限于某个区域市场，要么在某一个价格区间内占有一定的市场份额。伴随着大中型白酒品牌上延下伸、上挤下压和消费者品牌意识的不断增强，这些中小型白酒品牌接受的挑战空前严峻，已经到了生死攸关的阶段！中小型白酒企业品牌的王者之路在何方？从目前行业发展的趋势来看，中小型白酒品牌成就王者之路必须逾越四道险关。

第一节　品牌模式关

1. 解决问题

一直以来，白酒行业的品牌发展就是个相对畸形的状态。大大小小几万个品牌，企业规模从几十万元到几十亿元的都有。既有传承几十年、几百年的老品牌，也有横空出世的新品牌。百年品牌有做到消沉、一落千丈的，新生品牌也有厚积薄发、后来居上的。仔细回首记忆中数不清的白酒品牌，很多品牌既没有品牌架构也没有品牌内涵，既不能清楚表达销售主张也不能有效传递产品价值。究其根本，皆因对品牌创建缺乏系统梳理。白酒行业在经历了渠道制胜、终端为王的喧嚣后，已经进入品牌制胜时代。而在品牌制胜时代成功的一些品牌代表如洋河、红花郎等都已经开创了一套属于自己的品牌发展模式。中小型白酒品牌在成就王者之路的过程里必须解决以下三个问题：

（1）品牌发展没逻辑，导致品牌培育没方向。无论是发展中的中小白酒品牌，还是初创的中小白酒品牌，目前都面临品牌的发展逻辑问题。

（2）品牌发展没模式，很难总结有效的品牌推广方法。模式固化的最大好处就是能让那些不熟悉操作环境和操作技能的人能够在模式的应用引导下快速进入角色，并通过模式的固化和修正保证操作人员不犯前人已经犯过的错误，从而实现成本控制和风险控制。

（3）品牌发展没规划，没有规划和计划的操作是中小型白酒品牌操作失败的根源。今日不知明日事，一套想法或者思路没有经过深思熟虑就匆匆上市，结果半路调整、前功尽弃。

2. 王者之路的实现之道

通过嵌入《三纲九常品牌创建法则》进行品牌创建打造，为中小型白酒企业品牌塑造保驾护航。《三纲九常品牌创建法则》通过对《易经》三纲推演实现品牌三纲演绎，找到品牌发展的基本逻辑关系；同时通过品牌九常的逻辑分析推演帮助企业找到并固化品牌发展塑造模式。

3. 案例应用分析

（1）三纲应用

□ 简易（简化）——简单的颜色应用（蓝色），简短的广告语应用（男人的情怀），简单的产品颜色应用（蓝色的瓶子），最终形成了简单的蓝色色系风格。

□ 变易（创新）——品牌的不断裂变、产品的不断裂变、品牌传播方式的不断创新应用

□ 不易（传承）——不变的是差异化的蓝色，不变的是洋河的母品牌。

（2）九常应用

□ 名称——洋河，蓝色经典。

□ 血统——洋河老名酒，蓝色经典名酒的裂变。

□ 定位——中高端商务用酒。

□ 卖点——中国绵柔型白酒领袖品牌 + 独特的颜色。

□ 核心诉求——男人的情怀——差异化的蓝色。

□ 形象——标准的“蓝色经典”专用字体一成不变，坚持中高端形象不变。

□ 三化应用——差异化蓝色背景、蓝色包装、蓝色产品。

□ 品牌传播——载体（央视），受众（锁定高端），主题活动（结合事件）。

□ 品牌结构——品牌三级裂变，洋河——蓝色经典系列——梦系列，如图 8 -1 所示。

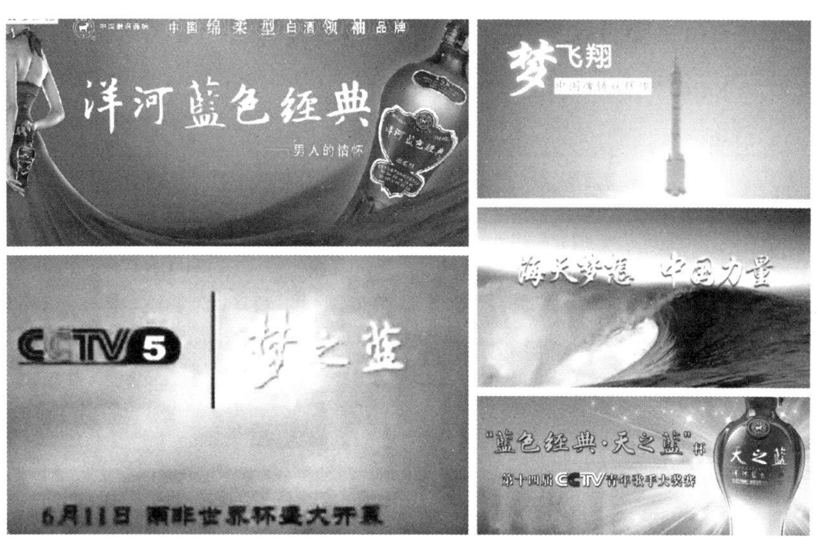

图 8 -1 品牌三级裂变，洋河——蓝色经典系列——梦系列

第二节 资源投放关

1. 解决问题

中小企业的发展，资源是第一生命线。俗话说，好钢要用在刀刃

上。可是对于资源不多的中小型白酒企业来说好钢不多，好钢放到哪把刀上也是值得研究的问题。对于中小型白酒企业来说，在资源投放关上也要解决以下三个问题：

（1）资源聚焦，投放到哪更有效果。中小型白酒品牌因为规模小，决定了其资源较少。聚焦后的资源投放到哪里更有安全感，投放到哪里更能体现价值。

（2）渠道品牌孰重孰轻，资源到底如何分配。资源投到渠道上，品牌没有知名度消费者不买账（满大街铺货、做陈列的小品牌铺货、陈列后就悄无声息的案例比比皆是）；资源投到品牌上，渠道流通不顺畅，消费者因为购买渠道障碍放弃购买（天旋地转做广告，渠道里看不到货的品牌也比比皆是）。

（3）创新与传承谁先谁后，新产品研发资源能否持续。不做创新是被动挨打，中小型白酒品牌在市场上的生存空间越来越小，而做创新因为资源不足举步维艰。

2. 王者之路的实现之道

中小型白酒企业的资源投放竞争力在于其决策制度的高度灵活性，今天说明天就能干，但是灵活性就意味着随意性比较高。要想逾越资源投放关，战术上必须聚焦资源，战略上却要不断地对资源进行重组。重新配置整合的意义在于可以在最短的时间内发现问题。保证在资源耗尽之前进行快速的战略调整，就是俗话讲的船小好掉头。

在资源投放的方向性问题上，很多中小企业主对品牌层面的资源投放重视不足。近年来，很多区域强势品牌在试图全国化扩张的道路上都遇到了此类问题。早年在本地这些品牌影响力尚可，可一心在渠道里掘金而忽视了品牌传播的问题，当巨大的瓶颈问题出现时再去想办法扭转要付出几倍的资源投入。无论资源多么匮乏，企业想长远发展必须提前战略性地对品牌传播资源进行配置。我们的观点不是说有钱就去打广告，而是告诫中小白酒企业主，只要你的资源允许，就要时刻想着把好钢放在品牌传播提升这把快刀上，它会让你事半功倍。

大企业可以通过规模优势去实现企业竞争力提升，而小企业除了创新基本不可能实现竞争力的提升。创新能力成为中小型白酒企业生命线。中小型白酒企业在未来的发展机会就来自品牌模式、渠道模式、组织模式创新，别无他路。

第三节　组织模式关

1. 解决问题

中小型白酒企业的组织管理模式设置都相对简单易行。一般情况下，中小型白酒企业的早期成长都从中低端产品入手并获得成功。这种组织发展模式经过长期的实践和沉淀被固化到销售组织中，很难在短时间改变。但是，中小型白酒企业随着自身不断地发展，必须对企业产品结构和经营进行升级调整，以满足对业绩和利润增长的渴望。因为产品结构和经营结构的调整就产生了高、中、低档不同档次的产品，由于白酒行业的特性决定不同档次产品的操作理念相差甚远，最后导致原有组织模式不能满足现行操作需要。对于中小型白酒企业来说，组织模式关要解决以下两个问题：

（1）无组织、无模式的问题。因为企业规模尚小，所以组织人员配置和组织模式还没形成，企业的组织建设处于人不多、模式不固化的境地，这是中小型企业发展的硬伤。还有些中小型企业因为自身发展不稳定，其员工的稳定性也较低，其组织模式的建立更是雪上加霜。

（2）有组织、无模式的问题。通过一段时间的合作积累，企业已经沉淀下来一批忠诚度较好能打硬仗的员工队伍。但是，组织模式仍未形成系统或者已经在某个领域（比如低端光瓶酒产品的组织模式已经成熟）形成，因此不能满足新业务发展的需要。

2. 王者之路的实现之道

任何环境下实物的发展从无到有都是一个艰难的过程，从有到无都是一个痛苦的过程，组织模式的建立也同样如此。

从无到有（无组织、无模式的情况）的解决之道就是要对组织行为进行标准化动作设计，并形成流程体系。针对标准化动作的设计使用及执行进行固化，并做针对性的检查督导和定期的训练提升。

从有到无（有组织、无模式的情况）的解决之道根本还是要摒弃原有不成熟的思想，去接受和学习新的事物。例如：像龙江家园这样成功的低端光瓶酒企业品牌，其低端光瓶酒操作组织模式优势明显，但是当企业在做品牌及产品的整体升级时势必要面临组织模式的巨大瓶颈考验。过去优势的组织模式和企业想打造的中高端品牌产品完全不能匹配。企业要想解决这样的问题，要么耗费巨大资源从营销技能上对原有队伍思维模式、组织模式进行升级，要么对组织模式进行变革，重新起用一些过去有中高端品牌产品操作经验、思路的人员来弥补自身组织模式的不足。

第四节　渠道模式关

1. 解决问题

渠道模式是白酒营销成功的核心落脚点，也是品牌模式、资源模式、组织模式落地的基本方针。很多时候，组织模式的形成是配称渠道模式后形成的，所以对中小型白酒企业来说选择正确的渠道模式也将成为核心战略。逾越渠道模式关，中小型白酒企业也要解决以下两个问题：

（1）有渠道没模式的渠道操作无法复制问题。模式化最大的好处是可以快速复制。没有渠道操作模式的中小型白酒企业无法实现市场扩张。

（2）有模式没渠道的渠道操作无法落地问题。很多企业在渠道模式的口诀上朗朗上口，实际上却根本不能领会其精髓，尤其是在执行过程中不能将管理细节及执行细节做到位。

2. 王者之路的实现之道

渠道模式的选择和确定基本上就确定了组织模式、资源模式的配称方向。在渠道模式的选择上一定要细数家珍，明确自身企业资源的可利用情况后再做选择。任何一种渠道模式都有成功的案例也有失败的理由，今天的中小型白酒企业对业内渠道模式都耳熟能详，但是真正能领会其核心精髓并运用得体的不多。下面对五大渠道模式进行应用分析，仅供参考：

□ 传统分销模式——传统分销最直观，只见移库不见终端。这是最原始的营销模式，很多没有模式的中小型白酒企业现在都在沿用这个渠道模式。这种渠道模式非常适用于那些刚刚起步的酒企，但是市场推进速度会很慢，好处是对资源投放没要求。

□ 深度分销模式——深度分销最微观，人员密集做终端。深度分销模式适合具有快消品特性的低端白酒品牌，其最大的特性是对渠道操作人员的数量有较高要求。

□ 直分销模式——直分销显美观，厂商合作做终端。直分销模式适合品牌知名度不高的中高端白酒品牌，通过厂家直销人员开拓实现品牌市场启动，并制造品牌势能及影响力，实现核心终端掌控。通过分销人员管理嵌入操作实现区域市场深耕，绑定核心分销商实现零售核心网点掌控。最终实现酒类企业的市场终端话语权，弱化经销商的主导地位。

□ 酒店盘中盘模式——酒店盘中盘要过资源关，没有钱就别来做终端。酒店盘中盘模式是通过核心酒店操作进行小盘带动大盘（通过核心消费群及核心消费场所锁定的点带面方式）的酒店渠道市场启动方式，对营销资源有高度依赖。此模式适合激进型市场开拓理念的中小白酒品牌，虽然近年来酒店终端有逐渐被弱化的趋势，但只要企业能坚持操作市场，启动效果仍然比较明显。

□ 消费者盘中盘模式——消费者盘中盘要过人脉关，人脉不好没终端。消费者盘中盘模式适合一切中高端白酒品牌，尤其是高端白酒品牌。对资源和人脉关系依赖度较高，中小型白酒企业在操作应用时要考虑自身的人脉资源和产品资源投放。

结束语：

中小企业品牌发展的王者之路选择永远比努力更重要，选择适合的永远比选择最好的更重要。先生存后发展是中小型白酒企业不二的战略选择，中小型白酒企业突破了模式关也就找到了企业崛起的王道。

第九章

解密白酒行业品牌买断运营

品牌买断，包括长期买断、短期租赁、品牌变相买断（品牌合作），是“中国特色”，但它不是近几年才兴起的牟利工具。只不过，有些行业的“品牌买断”已被禁止，有些行业的“品牌买断”还没引起关注。

品牌买断最流行时期是20世纪80年代初，那时，几乎所有“有威望的机构”都参与了“卖品牌”。如电视台把某些时段承包给广告公司搞“排名榜”之类的活动，医院把冰箱、彩电都写入“处方”。

永久、凤凰、五星等工业企业也搞“联营企业”收“品牌使用费”。许多名牌大学在异地设立了多如牛毛的“MBA培训中心”等时髦机构，许多医药公司取得某项只有医药公司才能取得的药品批发经营认证后再转让。如果仔细审查，我们不难发现，其中的许多机构、认证实际上不是这些名牌大学、国营医药公司自己在运作，而仅仅是“品牌买断”。

第一节　品牌买断运营的起源

从国家宏观经济发展和经销商单元个体利益获得两个方面参照说明，才能把品牌买断运营发展的过去、现在与将来展现得具有立体感，更加详尽和具有现实意义。

在国家宏观经济发展方面，品牌买断运营的出现，是中国改革开放后白酒行业真正进入市场化运行的一个里程碑标志。

1978年以后，中国开始试探着接受市场化经济，1994年以后才算步入较为成熟的市场经济。虽然早在1992年就有人提出过品牌买断运营的构想，但由于当时的市场经济正处于摸索中的“被释放的精灵”（财经作家吴晓波在他的著作《激荡三十年》中将1984—1992年的中国经济称作被释放的精灵）阶段，这种构想没能立即实现。此构想作为一种新思路与该思路的开拓者一起，在黎明前的黑暗中静静地寻找曙光。伴随市场经济的飞速发展，曙光不期而至，它的名字——五粮液（1994 年）。

提到白酒行业的品牌买断运营，话题肯定不能撇开一个名字——五粮液。20 世纪最后两个十年里，五粮液在市场上的表现异常闪亮，销售额增长了 1000 多倍，一个中型酒厂急速飙升，成为中国白酒大王。五粮液的超高速扩张，在于其顺应了营销决定白酒出路的时代特质，并较早地持续地运行了独到的品牌策略——白酒业 OEM 模式（即品牌买断运营模式）。这种 OEM 不是输出品牌，让其他厂商为自己加工生产，而是利用自己过剩的生产能力与强大的品牌号召力，为其他品牌加工生产相关产品，并以五粮液为托权人为质量提供担保。五粮液品牌“买断运营”始于 1994 年，福建省邵武糖酒副食品公司与五粮液合作开发了五粮醇——五粮液旗下第一个买断品牌，并买断“五粮醇”品牌全国总经销权，成为五粮液第一个品牌买断运营商，也是白酒经销史上的“买断第一人”。

在经销商单元个体利益获得方面，帮助厂家在通路分销产品时，经销商羡慕厂家赚钱多，认为做区域经销商做得多好，都是为他人养“儿子”做“嫁衣”。因为品牌是厂家的，主动权与经营权掌握在厂家手里。于是，一些有实力和资源的经销商，开始向酒厂买断品牌，打造属于自己的产品，养自己的“儿子”，做自己的“嫁衣”。另一种情况是，部分具有超前眼光和经营思路的经销商为了快速扩张，完成市场布局，需要在广阔的区域取得具有渠道号召力的名牌产品作为开路先锋与赚钱利器。获得广阔范围的代理权，以及灵活运行该代理权的需求，也直接导致了品牌买断运营的诞生。

对于经销商而言，品牌买断运营普遍具有两大意义，如表 9－1 所示。

表 9－1　品牌买断运营的意义

财务意义	目的：迫于市场压力和渠道资源空置，拓展业务发展，维持或增加财务合理性 操作：在资源可支配控制的前提下，持续买断品牌，实现全品类（白酒、红酒、黄酒、保健酒等）、全价位、全渠道覆盖，以“渠道资源驱动业务增长”，同时注重提高价值链管理水平
战略意义	目的：以实现业务转型为目标，由流通商转变为品牌经营商 操作：集中优势资源，全力打造一到两个品牌，建立相应组织机构和完善组织技能

总之，在经销商利益获得方面有两种交织的利益导演了品牌开发这场戏：一种是养自己“儿子”的永久赚钱利益；另一种是开拓市场、打通渠道环节的“辟市”利益。前者常见于区域品牌的本土运作，如河南市场的宋河与陕西市场的西凤；后者常见于全国品牌的大范围招商或大片区重点运作，如五粮液的金六福。

第二节　品牌买断运营的发展

在国家宏观经济和经销商单元个体经济利益获得两大空间交织的复杂关系下，品牌买断运营发展势如破竹，如江水东流不可阻挡。依据全国白酒发展形势，可将品牌买断运营的发展划分为以下三个阶段：

（1）**第一阶段**，1994—1997 年：品牌买断的起义大旗冉冉飘起。

这一时期，主要是国营糖酒公司开始与厂家合作进行品牌买断开发。1994 年福建省邵武市糖酒副食品公司与五粮液合作开发了五粮液旗下第一个买断品牌“五粮醇”，1996 年北京市糖业烟酒公司与五粮液合作开发了买断品牌“京酒”。这些与白酒厂一直打交道的国营白酒销售商是首批品牌买断运营的开拓者与受益者。

（2）**第二阶段**，1998—2005年：全民皆兵，民间力量全面参与。

这一时期，民间资本广泛涌入，厂商合作如火如荼。从1998年第一瓶金六福在五粮液生产车间下线，到2005年华致酒行的诞生，华泽集团璀璨升级。华泽集团的自身发展史也正是一部白酒品牌买断运营的大众史。1996年，其前身长沙海达酒类食品批发公司只是五粮液旗下“川酒王”的代理商。1998年，开始与五粮液合作开发了买断品牌“金六福”。2005年，华泽集团成立华致酒行——中国最专业的高档酒品连锁专营店。目前，已在全国大中城市拥有200多家专卖店，代理了五粮液10～60年陈酿年份酒、古越龙山30～50年陈酿年份酒、香格里拉系列葡萄酒、法国雷狄城堡红酒、裕寿堂系列高端保健品酒、福酒中国红，以及拉弗格纯麦威士忌等国内外高端酒品。（五粮液10～60年陈酿年份酒、古越龙山30～50年陈酿年份酒是全球总代理，这不正是最高境界的品牌买断!）

（3）**第三阶段**：从兴盛的燥热到理性的平和。

就目前来看，品牌买断运营依然处在兴盛的发展阶段，之所以预言它有朝一日将步入平和，完全来自对市场的判断。

华泽集团的故事还在继续，早期华泽集团在8年的时间里先后收购或入主了10余家酒企，这些企业的品牌听起来一点不会陌生：广东无比古方、云南香格里拉、湖南邵阳老酒、开口笑、四川六福人家、安徽临水、山东金缘春、湖南雁峰、广西湘山、江西李渡、陕西太白、吉林榆树、黑龙江玉泉。这些酒企地域分布南抵两广地区，北达黑龙江，东自山东，西至云南，华泽已在中国大地上编织了一张无形的网，将亿万名中国百姓布入酒网之中。

正如你看到的，白酒行业已然进入行业整合状态。其他的整合案例如下：

泸州老窖收购湖南常德武陵酒60%股份，运作酱香武陵大曲。

维维集团入主江苏双沟，收购其38.72%股权成为第一大股东，2009年收购枝江大曲51%股份，完全控股。

稻花香集团整体并购重组湖北当阳关公酒厂，用关公坊品牌扫除

“灯下黑”。后续两年时间里又分别收购了楚瓶贡、屈原、昭君三大品牌，加上稻花香、关公坊，稻花香集团就有了五大湖北本土品牌，形成了生产、经营历史文化名酒群的格局。稻花香集团的“五朵金花”均以宜昌为基地，同时又各有所向，但核心放在原产地，如屈原在秭归、昭君在兴山、楚瓶贡在襄樊、关公坊在当阳等，这不也正似编织着一张湖北酒网？

所谓分久必合，合久必分。白酒行业的整合势在必行，全国3.8万余家酒厂终将结束诸侯割据的分裂而走向以金融资本主导的统一。

一个行业的整合，必将带来更加明确的产业分工。在专业的产业分工合作环境中，品牌买断运营也会远离毛躁而更加成熟与理性。

第三节　四大模式和“五毒”

品牌买断运营是个时髦的话题，形形色色的买断运营商之间的同与不同用什么方法可以界定呢？依据品牌的影响力进行模式归类，品牌买断运营可分为四大模式，如表9-2所示。

表9-2　品牌买断运营的四大模式

	全国性品牌	区域名酒	本地品牌	杂　　牌
关键考量	1. 买断运营的目标区域在品牌认知和香型口感认知方面的界定 2. 品牌“借势”（首选子品牌、其次分品牌） 3. 建立相应组织机构运作买断品牌 4. 精简主打产品	1. 了解意欲全国化的区域名酒动向，首选易获厂家支持的品牌 2. 分析目标品牌在根据地市场的品牌价值 3. 全线产品下的主导产品结构	1. 品牌全线买断 2. 厂家市场支持 3. 本地市场的掌控 4. 本地厂家至少在某一产品或某一市场表现强劲	1. 成本优势 2. 产地优势“借势”（当地主流品牌的产地或四川、贵州产地） 3. 主控地位与运作灵活度

续表

	全国性品牌	区域名酒	本地品牌	杂　牌
具体操作步骤	1. 买断品牌筛选分析 2. 建立品牌厂家沟通渠道 3. 谈判 4. 建立相应组织机构	1. 区域名酒战略意图分析 2. 与目标厂家建立联系 3. 谈判 4. 建立组织机构专业运作市场	1. 厂家决策人客情关系的建立，便于获得更好的支持和信息 2. 对区域渠道和终端强力的控制	1. 寻找目标厂家 2. 酒质的保障 3. 对产品包装、品牌名称的细致设计达到能够借势的功效 4. 对区域渠道和终端强力的控制

在四大模式中，全国性品牌与区域名酒具有很强的品牌力，这种品牌力可以转化为消费者拉力，继而转化为渠道驱动力，因此这两种品牌买断运营对资金的要求高于对渠道掌控力的要求。本地品牌与杂牌在成本和灵活度上的优势远远大于其品牌拉力，更适合小区域深耕细作、对渠道有较强掌控力的经销商。

无论哪一种模式，厂商合作都将落实到产品上来。产品的设计，是品牌买断运营第一关。精心打造产品，为产品投入“五毒”，如表9－3所示，实现产品力突破，才能更高效地实现品牌买断运营。

表9－3　精心打造产品，为产品投入“五毒”

	名称毒	酒质毒	包装毒	促销毒	契合毒
特点	1. 亲和力 2. 有文化、内涵丰富 3. 定位法则（政务、商务、家用	1. 口感柔和，能喝八两的，喝一斤没事 2. 总体要求：入口柔、落口甜、回味香， 3. 依地区特点	1. 色彩与材质的组合，既要有特点赚人眼球，又不要走入误区 2. 勿忘低成本	1. 促销品要灵活多变，根据产品发展的不同阶段开展相应促销活动 2. 促销品要有溢价率，性价比要高	1. 契合地缘，借势产地优势 2. 契合度数，借势主流度数 3. 契合文化，借势主流文化

能够符合以上五大特点的白酒产品，即可称为“五毒产品”。每一种毒，都是一种极强的吸引力，为产品快速获得消费者青睐提供了基础保障。

第四节　品牌买断运营的A商时代

1. 何谓A商

何谓A商？查遍世上的百科全书，也无法知晓它的意义……

捉老A，是扑克牌的一种玩法，A即出奇制胜的一张牌。电视剧《士兵突击》中，步兵的最高境界——老A，也就是所谓的特种兵，具有特殊使命，完成特殊任务。

电视剧《士兵突击》中还有对老A的解释：（1）正如剧中袁郎说的“就像捉老A的游戏，老A就是平时藏着掖着的，关键时候出奇制胜的部队”。（2）也如剧中吴哲说的“A就是骗的意思，兵者诡道”。

A商：是商海中熟稔兵法，深谙商场即战场、兵者诡道的那部分人。另名曰：智商。

A商，是“好风凭借力，送我上青云”的代表——借助名牌厂家或著名品牌的影响力及厂家的相关政策支持，并能迅速将之转化为自我可掌控的渠道的推力和自我产品或品牌的消费者拉力。自我品牌力生成之时，就是解除名牌厂家或著名产品的束缚力量之际，从而玩转厂家，做到一端独大的局面。

2. A商品牌买断运营的三种模式

（1）**品牌齐整式——酒厂品牌背书化，产品品牌自有化**：携品牌以令厂家，自我具有品牌所有权，令著名品牌厂家代工生产。在借势著名品牌厂家影响力的同时，保证随时可更换厂家的主动权。弊端是成本相对较高，且无厂家市场支持，需要经销商有很强市场运作能力和资金实力。

品牌齐整式买断，较适用于全国性名酒厂买断运营，重点在于全国性名酒厂本身就具有品牌力，可以提供极强的品牌背书。当自我品牌力生成之时，顺势更换生产厂家，打造低成本。

典型代表：五粮液 & 金六福。

（2）**狗尾续貂式——产品品牌背书化，产品副品牌品牌化**：买断运营产品具有生产厂家的主品牌同时，着力凸显自我拥有的副品牌。产品在市场运作成熟后，即可甩开主品牌，副品牌升级，实现产品（产品副品牌）品牌化，接着将品牌系列化。

狗尾续貂式买断，运作的关键在于品牌传播过程中，对副品牌名称的极力推广。适用于全国性品牌、区域名酒、本土品牌等三种模式的品牌买断运营。

典型代表：古井贡酒 & 淡雅，如图 9－1 所示。

图 9－1 “淡雅型古井酒”与“淡雅古井”

（3）**暗度陈仓式——获得支持、埋下伏笔**：与厂家亲密合作，获取厂家品牌最大力量的市场支持，快速攫取市场份额和渠道话语权。时机成熟，便可令深藏已久的“山寨品牌”（擦边球）产品横空出世。

暗度陈仓式买断，较适用于本土品牌与杂牌的买断运作。区域深耕细作的经销商，可以借此做到携渠道以令厂家。

典型代表：东北第四宝酒 & 东北四宝酒。

A 商的三种模式，饱含了对品牌的深刻理解与运用。A 商，是品牌资产管理与规划的集大成者。A 商，是厂商博弈的高手，能最大限度地整合厂家资源。A 商，一手抓品牌，一手抓酒厂。

A 商，是品牌运营商的最高境界，华泽集团可以说是典型的 A 商，1998 年与五粮液合作，走了近 10 年的路程，终于甩开五粮液的束缚。从平凡到最高境界，就是借力、产力、去力、合力的过程。

第五节　品牌买断运营成功的条件

企业经营的一个普遍陷阱，就是机会的诱惑。企业的机会要与能力相匹配，如若不能绕开机会陷阱，将自陷泥淖不可超脱。

品牌买断运营不是万能的，也不是普遍适用的。对于那些不具备买断品牌经营的经销商而言：商机就是危机。

客观的市场环境是这样显示——白酒行业的营销，已经从单一要素制胜的时代，转变到系统制胜时代。再没有哪个企业会因为某一个点做得好，而能够占据压倒性优势。再没有一种销售模式，能够引导白酒企业获得长久的成绩。

一个成功的品牌买断运营，一定要在以下五个层面做好适当的准备：

（1）买断品牌运营应先确定自己的战略规划，在财务意义和战略意义中选择一种作为经营的战略方向。

（2）根据选择的战略方向，进行资源配置，保障资源的集中利用、有效利用和弹性利用。

（3）根据已有的战略方向和资源配置进行产品的合理区域布局。

（4）在确定的战略方向、确定的战略区域打造有利于资源落实的营销组织和企业文化，人才是决定企业未来长远发展的关键。

（5）根据产品和区域的特质，开展营销的4P运作。高效组合市场投入的结构与节奏，同时保障其与品牌资产运作的节奏高效对接。

只有在这些主导性的营销要素空间系统里，实现企业营销要素结构化，形成显著营销合力，才能确保品牌买断运营的成功。

第十章

经销商生意经：在产业链条上起舞

中国酒业在最近十年有一个突飞猛进的表现，这是依托于整个国家的经济崛起。酒水行业商贸公司的发展，同样是酒水行业迅猛发展中的一个缩影。快速发展的这些年，酒水行业把商贸公司的业态整体推向了一个更高层面。这个层面有两个直观耀眼的表现，一是酒水商贸企业完成原始积累，出现一批超商并逐步实现规范化运营；二是一代人功成身退，下一代接班人接踵上位。

酒水商贸企业，开始思考也必须思考发展战略了。那么，有没有一套系统理论或是实战方法，可以给转型中的酒水商贸企业提供有关企业战略发展方面的价值呢？笔者在近几年的咨询工作中，对酒水商贸企业展开了持续研究，希望能给这一商业生态群提供一份有针对性的参考。

第一节　酒水商贸企业发展战略的制定原则

1. 发展战略制定的分析维度

酒水商贸企业，作为一个中间商环节，本质上做的是低买高卖的买卖，这就导致酒水商贸单元在发展眼光上要关注的层面相对要更多些。其战略制定最起码要进行三个维度的检索：一是企业自身发展的核心驱动力和优劣势；二是已拥有产品及品牌的生产企业的发展愿景与发展趋势；三是酒水行业的整体发展趋势。

从企业自身生态及优劣势层面检索企业的内在核心驱动力，明确基础性资源。从企业目前拥有的产品及品牌发展层面检索企业可获得的外界匹配驱动力，明确发展性资源。从酒水行业及区域发展层面检索企业及拥有品牌发展的大环境，明确发展趋势，顺势而为。全面立体地检索酒水商贸企业的可应用资源与所在行业的发展趋势，是确定其发展方向的基础，也是获得明确战略的必经之路。

2. 发展战略制定的势能高度

作为酒水产业渠道链中间环节的酒水商贸企业，在制定企业发展战略时，一定要跳出“不识庐山真面目”的尴尬。坐在中间商的位置上，却要有全局观的思考，企业的战略发展问题要思考到整个产业链的层面上去。

酒水商贸企业战略发展思路的确定，要历经从点状思考到线性思考、从线性思考到非线性思考的过程。首先，从商业原点出发的商家强化构建思路，区域经销商的发展着重点在区域精耕与区域壁垒构建，品牌运营商的发展着重点在上游品牌资源与下游商业覆盖区域的持续提升。其次，要有从产业链出发的渠道单元切换与整合思路，着重在产业链成员价值组合，突破单个产业链单元限制，向更高利益价值单元扩张，实现产业链互动。

“在商言商”，以商贸单元为基础的酒水产业链条，主要由三个环节构成，分别是上下游关系的生产企业单元、商贸企业单元和销售终端单元。商贸企业的产业链价值思考，就是由商贸单元向生产单元与终端单元的不断整合推进。

第二节　酒水商贸企业的五种战略模式

酒水商贸企业的发展战略，它的发展方向或者说梦想长成的样子，会有哪些可能呢？站在产业链条上跳舞的企业，大致可以分为五类：区域一体商、两翼商、一体两翼商、一体一翼商、品牌运营商。

1. “区域一体商”模式

从本质上讲，一体商模式是一种基于区域精耕、渠道精耕的多元化经营模式。结合区域内的竞争情况，打造多品类、多价位、多渠道覆盖的区域王者。一体商模式是区域精耕目标上最经济高效的运营法则，能够有效建立渠道壁垒，均摊成本。一体商模式，塑造区域型商贸企业典范，如图10－1所示。

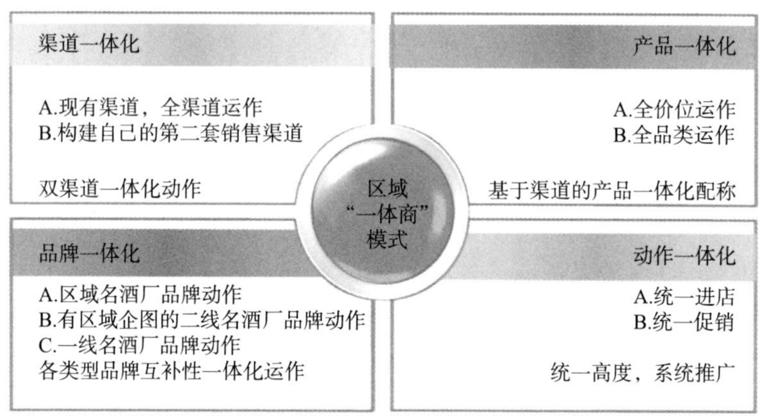

图10－1 “区域一体商”模式

区域内的多元化发展，在企业经营的个别品牌或品类处于衰退期时，其他品牌或品类能起到维护网络、维护利润来源的目的。多元化的发展可以向两个方向推进：一是横向多元化，这种多元化与企业主要经营项目关联度极高，狭义上可理解为酒水行业内的多元化，酒水品类多元化到白酒、红酒、黄酒、啤酒、保健酒领域；二是纵向多元化，商贸企业的投资经营愈是单一，其经营风险愈是增大。为了处于更有利的地位，实行投资组合多元化，扩大经营范围是必要的。酒水商贸企业纵向多元化一般会基于酒水运作渠道展开，酒店渠道的餐料、炊具，商超与团购渠道的特产、土产，都是纵向多元化的选择方向。对于区域商贸企业，这种跨行业经营，可以使企业的触角渗透到区域市场的每一个角落。

龙悦公司在唐山运作众多强势品牌，可视为一体商模式的雏形。龙悦为终端提供了一站式的产品，包括酒店用品、酒店用调味品、白酒、啤酒、饮料等，利用这些产品，龙悦和酒店进行了全接触，形成了一种垄断模式，在终端占据了牢固的地位。龙悦还经营名烟名茶、炊贸用具、桑拿洗浴设备，同时开设了唐山地区独家北京同仁堂药品专卖店。

一体商模式的核心优势，是企业在区域内的协同力，通过组织的定位与分工实现品牌、产品、渠道、运作等四个方面的一体化运营，实现真正意义上的一体化协同。

2. “两翼商”模式

从本质上讲，“两翼商”模式是一种源自生产型酒水企业的运作模式，已脱离了酒水商贸单元的行为范畴。以生产企业为基本单位，紧紧抓住整条产业价值链中最高价值的两端开展商业经营。一方面，做生产企业单元，主导资源使用方式和市场运作方式；另一方面，做终端企业单元，获得较高增值利润。“两翼商”模式，塑造生产型企业典范，如图 10－2 所示。

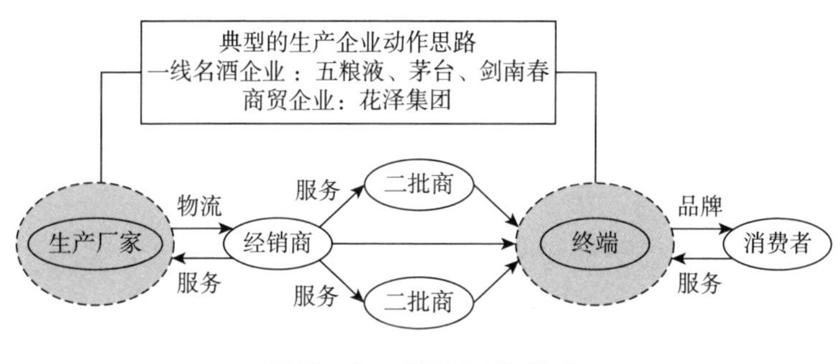

图 10－2　“两翼商”模式

茅台与五粮液都是两翼商的典型代表，它们的产品在国内是价钱最昂贵的，同时却是最受欢迎的，它们的专卖店在国内数量最多，同时也是最受商业欢迎的。

华泽 10 余年的发展史，就是酒水商贸企业到酒水产业链两翼商的发展史。其前身长沙海达酒类食品批发公司是一个区域型商贸企业，2000 年后华泽借助资本进入生产企业领域，在 10 年的时间里先后收购或入主了 10 余家酒企，然后华泽成立华致酒行，创建中国最专业的高档酒品连锁专营系统。华泽的 10 余家生产企业群和分布全国的 200 余家华致酒行连锁终端店，俨然是一个两翼商标本。

3. “一体两翼商”模式

一体两翼商，就是区域一体商与两翼商的合体，是真正实现了产业链全环节覆盖的商业业态。

如果，华泽的前身在长沙仍然存在并持续运作，毋庸置疑，华泽就打造了中国首个一体两翼商的雏形。就像五粮液与茅台的专卖店或者华致酒行可以进行全国连锁一样，一体两翼商中的一体商环节，就应该是多个区域的一体商群，也会是可以打造成为连锁商贸企业的存在。你会发现，这个一体商群就有点浙江商源的味道了。那么，一个形似商源的一体商群加上目前的华泽，就是一个标准的一体两翼商。这或许太过理想化，但绝对是一种有高度的战略构想。

4. “一体一翼商”模式

一体一翼商，是一体两翼商的两个自由变形组合，两者都是以区域一体商为基础单元，不同的是在选择产业链条突破时，分别走向了生产企业和终端连锁发展不同的两端，即区域经销商的上游环节和下游环节。

5. “品牌运营商”模式

上述的商贸企业发展战略，都是以区域型商贸企业为原点看产业链拓展后做出的分类定义，而区域商贸企业的核心能力是渠道操作管理。还有一种商贸企业，其核心能力是整合上游生产企业的品牌资源，以生产企业品牌来驱动下游商业，自身成为生产企业和区域商贸企业间的业态，这就是品牌运营商。

品牌运营的本质，是区域商贸单元向价值链更高层级的拓展。当然，这种生态也可以通过资本方式直接切入。除了不亲自生产和缴纳生产相关税务，其他的生产企业经营要素照单全收，这种生态，笔者称为“亚生产型企业”。

亚生产型企业，作为一种存在的商业业态，同样可以实现产业链上的独立运作或转型整合。其发展战略，可以借鉴上述五种模式。亚生产型企业状态也往往会成为区域商贸企业在全产业链拓展中的一个阶段。在这个阶段，商贸企业历练并发育出生产企业的运作能力。

品牌运营商的影响力，完全取决于其所运营的品牌影响力，取决于运营品牌的影响半径。品牌运营商的一个典型代表，是石家庄桥西糖烟酒食品股份有限公司，它运作了泸州老窖、红星二锅头、郎酒、全兴大曲、汾酒、长城干红等多个全国化名酒的多系列产品。市场上还存在很多更专一的品牌运营商，如茅台白金酒、五粮液黄金酒等。

第三节　酒水商贸企业发展的前景

酒水区域性商贸企业，是产业链中最原始的商业环节，也是最基础的商业存在形式。区域性商贸企业是最有可能发育出一体两翼商战略模式的单元，因为区域深耕的复杂性和需要花费大量的时间做基础，使其难以复制。而区域性商贸企业最有可能的一体两翼商战略模式路径的四个阶段，如图 10－3 所示。第一阶段，标准区域经销商阶段，经销商在小区域内进行商业活动，履行其分销职能，构建区域一体商。第二阶段，区域经销商开始进行专销产品开发，向厂方职能推进，在区域一体商基础上迈向品牌运营商单元。第三阶段，进入生产企业领域，完全实现品牌自主及市场运作自主。第四阶段，发展连锁终端，实现终端职能介入。

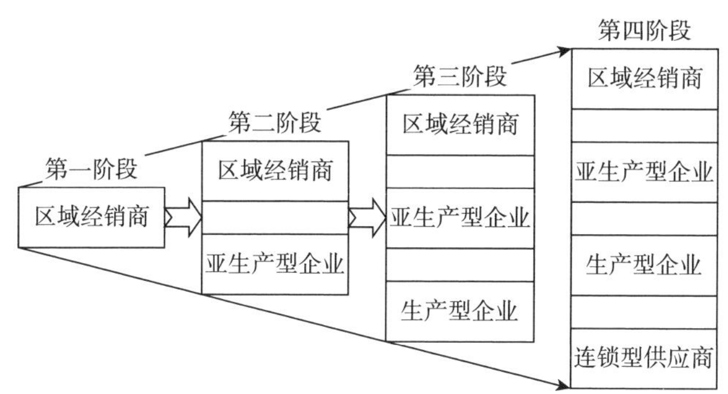

图 10－3　“一体两翼商”战略模式路径的四个阶段

一体两翼商战略模式发展的每一个阶段，都是在原有阶段基础上进行的职能性丰富，整个发展阶段是不断延伸产业链介入的阶段。

每一种商业存在形式都是经过市场检验的胜出者，自然有它们存在的原因和价值。无论是区域一体商、两翼商、一体两翼商、一体一翼商，还是品牌运营商，每一种商业都是国家政治与经济发展阶段的必然产物。今天存在的，明天不一定还能存在；今天发展迅猛的，明天也可能停滞不前。我们就以几个商贸企业典型代表的现状与遭遇，来略探产业链上起舞者之姿。

桥西的困惑：桥西糖烟酒公司完全成了一家亚生产型企业，失掉了区域经销本体。完全依赖于名酒企业的品牌拉力进行商业拓展，伴随各名酒厂战略发展，其溢价能力不断降低。面对上层生产企业连续提价与下层经销商越发挑剔的双层压力，桥西糖烟酒转型乏力，老板苦闷异常。

海福鑫之误：北京海福鑫有经销商本体，也进行了亚生产型企业跨度，同时也尝试运作了自主品牌龙喜白酒，但首战品牌龙喜酒完全没有品牌基础，在推广中举步维艰并最终折戟石家庄。这给海福鑫带来沉痛过往，以致海福鑫一朝被咬，六年来在介入生产型企业方面再无建树。

桥西早已不具有经销商本体，转型乏力，这两年对泸州老窖蓝花瓷二曲的区域深耕化运作，也没能拿到一份满意的回报；华泽是过来人，舍弃了份额相对整体而言很小的经销商本体，走了一条更具差异化和前瞻性的道路；海福鑫在向生产型企业转型过程中犯了选择性错误，付出代价后举步不前。

白酒经销商，你给我站住。你应该站哪里，可以根据自己的情况来确定，但是不要不知道自己该出来站队。你要站在模式上，不断完善和提升。每一种存在模式，都是满含着舍与得智慧的商业思考。根据自身优势，结合市场机遇，选择在当下更具成功可能性的战略模式，就是最好的战略模式。本文对几个模式的解读，无非是希冀能给您在做出战略性选择时，提供一个具有产业链发展高度的思维视角。

第十一章

经销商生意经：产品选择与开发

产品是经销商群体最为关注的话题，无论是选择代理还是选择买断经营，产品课题都是经销商群体必须面对却又很难做好的。因其不仅涉及专业性、前瞻性、系统性，还关乎厂商合作模式、消费形态变迁、行业竞争程度等众多因素。

作为贸易群体的经销商，产品无疑是其企业的终极驱动。能否选择好一个产品，意味着企业一段时间内的成功与否。可谓：成败之道，死生之地，不可不察。

那么，哪些因素影响产品选择？哪些因素是可以遵循的选择产品的标尺？从哪些维度分析，才能获得科学而可持续的产品战略？这里，我们共同揭开白酒经销商产品选择与开发的奥秘。

第一节　企业战略确立思路

经销商群体选择产品的首敌，是多顾忌短期利益，想一出是一出，缺乏长远规划，从而造成竞争力缺失、资金周转浪费、库存积压或断货不济等问题。一个科学的产品选择与开发计划，一定是基于整个企业战略发展上的产品战略，是一套系统的解决方案。

1. 经销商企业战略确立的三个维度

经销商作为贸易型企业，其战略确立要建立在三个维度分析之上：企业自身生态及优势、企业目前拥有产品及品牌发展趋势、行业及区域发展趋势。

研究发现，一个完整的贸易型企业的战略规划制定，一定要包含这三方面的系统分析。从企业自身生态及优势层面检索企业的内在驱动力，明确存量性资源。从企业目前拥有的产品及品牌发展层面检索企业可获得的外界匹配驱动力，明确发展性资源。从行业及区域发展层面检索企业及拥有品牌发展的大环境，明确发展趋势。全面立体地检索贸易企业的可应用资源与所在行业的发展趋势，是确定其发展方向的基础，也是获得明确战略的必经之路。

2. 经销商企业的战略定位

经销商企业的战略定位，一般可分为五个层次：区域型企业、品牌运营商、终端连锁运营商、进入生产领域、全商业链运作。五者之间没有明确边界，多为掺杂互生。

（1）区域型企业，重点在于区域内的精耕细作，落实在产品方面，要结合本地竞争情况，开展多品类、多价位、多渠道的覆盖，整体战略可以称为“区域为王”。多品类操作的本质是一种多元化经营，包含两个层面的多元化，即横向多元化与纵向多元化。

①横向多元化是一种基于主销产品品类的相关联品类多元化经营，白酒之于红酒、黄酒、啤酒，是酒类多元化；白酒之于软饮料（酒精含量低于0.5%的天然的或人工配制的饮料），是饮料多元化；白酒之于护理品、保健品、烟草、茶叶，是快消品多元化。

②纵向多元化一般会基于酒类运作渠道开展配称，酒店渠道的餐料、炊具，商超与团购渠道的特产、土产，都是酒类经销商纵向多元化经营的方向。

（2）品牌运营商，既可是小区域精耕细作的，也可是广泛区域招商汇量的，这取决于所经营品牌的影响力范围。品牌运营商多是操作买断开发产品，若是全国性品牌买断产品，必然易于全国化运作。若是区域强势品牌买断产品，必然会主销在其影响力区域内。品牌买断运营的本质，是经销商单元向价值链更高层级的拓展，这种拓展是一种介于生产企业与经销商之间的存在形态，可以称为“亚生产型企业”。除了不亲自生产，其他的厂家经营要素照单全收。

（3）终端连锁运营商，是连锁商业形式。酒水行业终端连锁操作的重点在于对产品源的控制，即对利润组合、盈利能力的控制。一般来讲，纯粹的终端连锁体系直接切入者（非酒水经销商）很难获得成功，酒水经销商在打通了产品与品牌关节后，能够获得高毛利的组合产品以支撑单店盈利，就具备了较高的成功率。

（4）进入生产领域，从经销商转型到生产企业，从商业利润链的中游向上游转移，向附加价值更高的领域转移。此时，会更为关注品牌的塑造、产品的组合与推广。经销商企业图谋进入生产领域，有两种操作方式：一种是自建品牌与工厂；另一种是以资本方式收购有根基的品牌与工厂。伴随消费觉醒，消费者品牌意识越发强烈，自建品牌的成功会越加困难，收购无品牌根基的生产厂家后的成功操作也越发困难。品牌基础，是决定生产企业价值的一项关键指标。

（5）全商业链运作，是跨越多个商业价值单元的集团化操作。终端单元、经销单元、生产单元各自分离又战略统一，操作难度极高，对资本的要求也极高。很难简单地描述其对品牌与产品的要求，应是基于集团战略下的每个单元分别对产品与品牌需求的组合。

第二节　分析与确立产品线

1. 分析产品线结构

基于经销商企业战略，产品线分析主要维度主要包括单品、价位、品类、品牌、区域、渠道等六个维度，如图11－1所示。开展产品线分析，并最终明确产品线目标，即产品选择与开发的目标和需求。

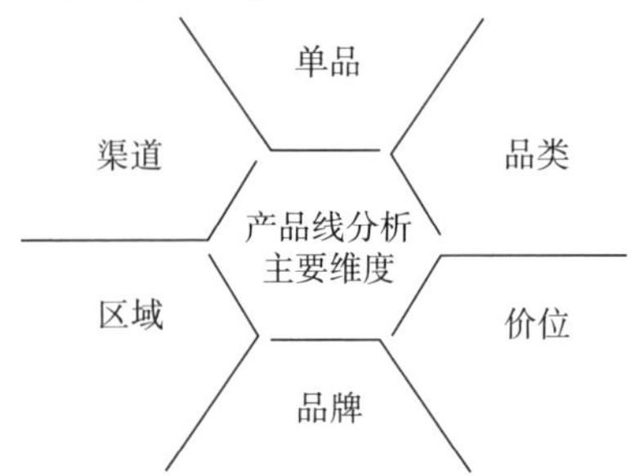

图11－1　产品线分析主要维度

（1）分析主要单品的销售占比如何、利润占比如何、销售趋势的上升或下降、渠道利润如何、渠道推力如何、品牌影响力如何，最终确定针对其的操作。主要产品往往会遭遇这样一种情况：销量巨大，单位利润微薄，渠道利润微薄，渠道无推力甚至产生销售阻力，消费者认可度较高，但销售出现颓势。这就表明，产品已出现老化现象，此时最大的特点就是，消费者极度认可，渠道成员极度消极对待。解决之道在于最大限度地发挥产品优势即消费者基础，最大限度地弥补产品劣势即渠道利润。

（2）分析产品价位组合，主要单品价位、缺失价位，根据价位特点重新布置产品需求。区域市场内，中低价位产品由于消费者众多，价位细分严重，一般5元左右形成一个价位，消费混乱，应根据情况进行多产品线开发设置，挤占更多价位，覆盖更多消费者；中档与中高档产品，相对应的核心消费者更为明确，多是政务与商务消费，产品线应适当减少，一般2~3条即可，既能够覆盖核心消费者，又不至于产生强烈自我对抗；高档与超高档产品，消费者更为集中，多是高端商务政务群体，产品线设置一般在2条以内即可达成，甚至单品突破，实现聚焦。

（3）分析品类组合，如在渠道内的互补性，对渠道的掌控性，物流上的互补性，资金上的互补性，淡旺季季节互补性，仓储关联性。一般情况下，低档白酒的经销商更有可能操作啤酒与饮料，啤酒、饮料和白酒能天然地形成淡旺季互补；高档白酒的经销商多会经销洋酒、红酒与高档啤酒（箱装），高档白酒相对低档白酒淡旺季区分不是非常明显。

（4）分析品牌组合，如区域品牌与全国性品牌的组合，区域名牌与杂牌的组合，全国性一线名酒的组合，全国性二线名酒的组合。不同的品牌影响力，又能够决定其销售区域的边界。品牌组合总是直接关乎企业的利润组合，往往杂牌会有较高的利润，同时也需要依靠强大的企业影响力背书和渠道力量；全国性品牌具有广泛区域招商汇量的潜力，单品的利润空间相对小些。

（5）分析区域，如能够直营掌控的区域，需要依靠其他下游商家支撑的区域，有资源可以利用的区域，完全的空白区域，所掌控品牌的主销区域与强势区域，市场容量很高的区域，全国化战略性区域，需割舍的区域。区域与品牌的分析又是相互关联的，品牌影响的覆盖力决定了企业所能掌控的区域，企业品牌的组合往往也决定了企业的区域布局。

（6）分析渠道组合，新渠道的开拓，老渠道的深耕掌控。分析名烟名酒店、酒店、商超、团购、婚宴的特性，明确各渠道承载的不同功能，明确渠道间功能的变化。酒店渠道从高效启动消费功能，转化为壁垒构建功能与形象展示功能；名烟名酒店与商超渠道承载了销量重任，商超渠道更是价格标杆与形象展示标杆；婚宴市场的巨大引领功能和团购的高端引领功能，以及团购表现的明显增长的销量功能。品牌、产品组合只有落地到渠道上，并有效地组合渠道，实现产品与渠道功能高效共振，才能快速启动市场，实现畅销。

2. 界定产品目的和需求

根据图11－1显示的维度展开分析，并最终获得四层面八个相关联产品的目的与需要，如图11－2所示。形象与价位目的、区域与渠道目的、销量与利润目的、品类横向多元化与纵向多元化目的。

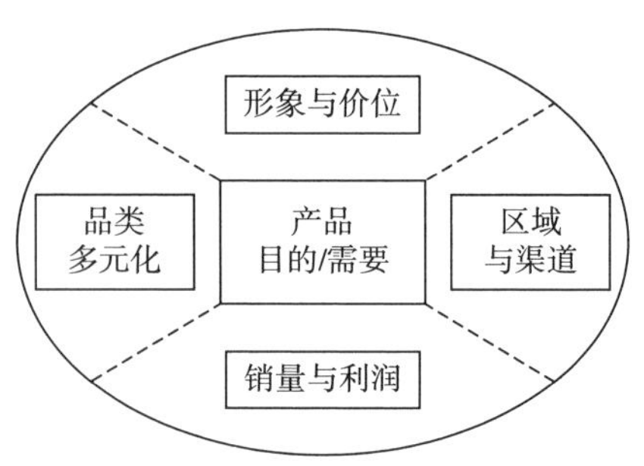

图11－2　产品的目的和需要

（1）形象和价位需要，可以是企业的行业形象定位需要，可以是企业的消费者形象定位需要。

（2）区域与渠道需要，可以是区域拓展需要，可以是区域精耕即渠道拓展与覆盖需要。

（3）销量与利润需要，可以是短期销量或利润需要，可以是中长期销量或利润需要。

（4）品类横向与纵向多元化需要，是产品品类组合的需要，始于对形象、价位、区域、渠道、销量与利润的全面推敲。

根据企业战略，分析确立产品线结构，界定明确的产品需求，是选择适宜产品的基础工作。高效的产品选择，还要从企业现状出发，思虑所选择产品的功能定位。

第三节　产品功能评估和产品选择

1. 产品功能承载企业需求

企业对于产品的直观需求可以总结为四大层面：企业战略发展需求、企业业绩增长需求、企业渠道升级需求、企业经销商整合需求。产品对四大层面需求的承载性，也赋予了其相应的功能，如图 11－3 所示。

企业企业战略发展需求	企业业绩增长需求	企业渠道升级需求	企业经销商整合需求
区域市场拓展 企业形象升级 价格段升级、弥补 竞争需要	区域突破增长 渠道突破增长	餐饮终端运作产品 商超竞争性产品 团购性产品 流通、流量性产品	老产品线，老经销商无法满足市场发展的需求 流通为主的经销商无法运作新型渠道 新产品线建立新的渠道运营模式

图 11－3　产品功能承载企业需求

从产品的功能上讲，可分为企业战略产品、战术产品、节庆产品、补充产品、婚宴产品、团购产品、跟随产品等，企业出于各种需要，选择相应功能的产品。

（1）企业战略产品，可以是出于形象升级目的的超高端个性产品，可以是出于区域拓展目的的大区域通卖产品，可以是出于重要价位的弥补与获得等，这类产品的生命周期相对较长，被赋予了较长时间的企业使命。古井贡酒的年份原浆、宝丰酒的国色清香，都是这一类型。

（2）战术产品，往往来自竞争需要，或浅层次经销商的整合需要。这类产品往往被赋予了短期功能性，生命周期被人为地设计缩短。地方企业、区域名酒在操作特定市场或阶段性攻取特定渠道时，多会采取战术产品运作。全国性名酒的很多买断开发产品也属于这一类型。

（3）节庆产品，多为礼盒产品，是基于白酒消费特点而用来实现节庆销售的产品，时间性与目的性较强，往往源自对业绩增长的需要。龙江家园礼品对酒、五粮液龙行天下酒，都属于这一类型。

（4）补充产品，往往是出于对更多价位或规格的占有。单只产品的功能一般又不是单一的，只是企业定位的侧重点不同。玉泉二两半，如图11－4所示，口子窖五年1L装，都是这一类型产品。

图11－4 “玉泉二两半”

（5）婚宴产品与团购产品，特定渠道或特定消费场合的功能性产品，是对特定消费行为的运作。全兴大曲推出全兴520操作婚宴市场，如图11－5所示，泸州老窖推出喜酒定位婚宴市场，五粮液推出团购酒定位团购渠道，都是这一类型的产品。

图11－5　“全兴520婚宴酒”

（6）跟随产品，是在竞品开辟了新的渠道、新的品类、新的规格等创新性行为获得成功后，为切割其市场和实现对抗而开发的产品。跟随开发策略在乳业尤为突出，甚至有戏言称不跟随就灭亡。当蒙牛开发了早餐奶，各个奶制品企业都跟进；当伊利推出酸酸乳，各个奶制品企业都跟进。白酒行业，淡雅、柔和、青花瓷、年份原浆等品类随着推进者获得成功，全国即开始跟进。

2. 从现状出发开展选择

企业发展现状是开展企业工作的原点，企业的战略是对企业要到哪里的探索，而每一次的产品选择都应是落在现实的基础上进行的。

根据企业资金走向、渠道网络、商业信誉等经营要素，判定企业所处是在起步、提升，或是转型、多品类、多价位，或是横向多元化、纵向多元化等阶段。

结合季节与销售淡旺季因素，企业产品组合与产品所处生命周期现状，展开产品的选择与市场导入。每个企业的资源与现状都是不同的，需要灵活掌握，切忌生搬硬套。

第四节　厂商合作是产品运作成功的关键

厂商双方是相辅相成的欢喜冤家。对市场、利润的获取是双方共同的目标，但市场运作的细节，包括资源投入、双方分工等各个方面，双方又是天然相对的。

双方能否有契合的市场操作思路、明确的分工，发挥双方优势，实现合力最大化，是市场开拓能否成功的基础。

双方是否拥有共同的操作理念、共同的产品定位、共同的区域市场定位，是厂商能否高效合作的基础，如图 11 –6 所示。

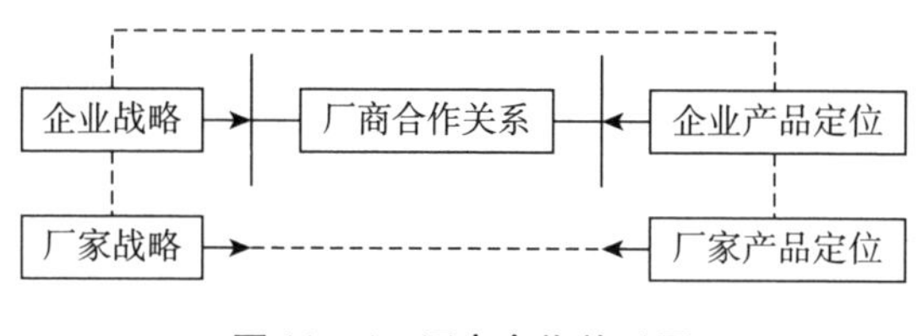

图 11 –6　厂商合作关系图

厂商合作的三种模式

产品的市场运作，根据组织及资源配置的不同可分为三类厂商合作模式：厂家主导运营模式、厂商共建运营模式和商家主导的品牌买断运营模式。

1. 厂家主导运营模式

厂家主导运营模式图解，如图 11 –7 所示。厂家完全主导产品可投入资源与投入方式，设立精细化组织对渠道及重点终端进行掌控。厂家能够主控市场发展的方向，能够有效发挥厂家先进的营销模式与方法的威力。

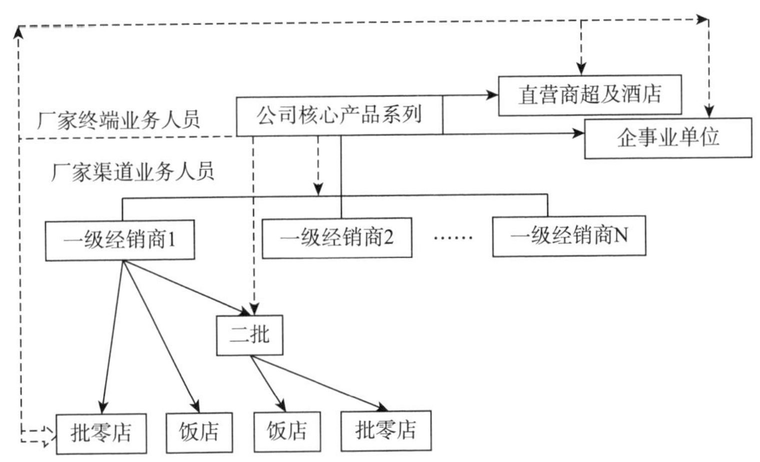

图 11－7　厂家主导运营模式图解

厂家对渠道链进行全方位管理，渠道业务人员管理经销商及分销商，终端业务人员管理终端，并按终端类型进行细分，如餐饮终端业务、流通终端业务、商超终端业务、团购业务人员。

对于经销商而言，无论是在营销策划层面，还是在渠道管理层面，享受了来自厂家的保姆式服务，这也就意味着，经销商的经营自主权与灵活性会受到一定限制。

2. 厂商共建运营模式

厂商共建运营模式图解，如图 11－8 所示。厂商合理分工，厂家制订市场运作方案，进行资源配置，由经销商根据厂家运营思路在厂家可控的资源投入下搭建渠道，操作终端。厂家能够极大地缩减组织投入，并能够主控市场发展方向。

厂商优势辅助结合，发挥厂家的营销先进性优势，同时发挥商家的组织能动性优势。

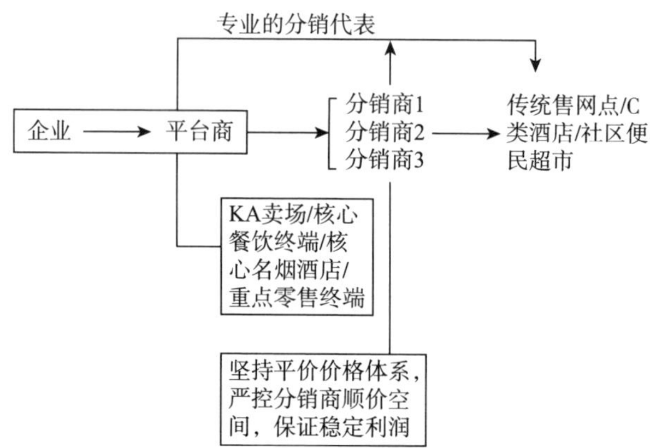

图11－8 厂商共建运营模式图解

3. 商家主导运营模式

商家主导运营模式即品牌买断运营，经销商底价进货，自己动手丰衣足食。厂家无须投入任何资源，完全依靠商家运作。

对厂家来说，利润较低，掌控力不强，但在弱势竞争下，可实现挤压渠道、打击竞品、扩大市场份额的目的。

对商家来说，利润空间大、操作灵活性高、自主性强，但也就没有了后续市场投入支持，没有了高端营销层面的软性支持。

总结：面对市场的机会与产品的诱惑，经销商要耐得住寂寞。好机会，也需要对应的实力；好产品，也需要相应的策划与推广。产品的选择与开发，考量着厂商合作关系，需要经销商进行系统的思考。

第十二章

厂商合作，痛并快乐着

第一节　案例：厂商合作的烦恼

笔者的一个经销商朋友王总，有一天急切地打电话邀我去他的公司坐坐，顺便帮忙解决一些运营管理上的问题。由于朋友关系多年，我如约而至。

王总是典型的“老糖酒”，从当年一间几平方米的小商店开始，历经10多年的苦心经营，如今已经是远近闻名的酒类产品批发配送商，且口碑很好。王总以前是本地某强势品牌的区域分销商，后因种种原因在2009年年初与原厂家结束了合作关系。不甘寂寞的王总几经周折，与江苏某知名白酒品牌进行合作，成为当地总代理，并开始公司化运营。以前在松散式运营中得心应手的王总，在公司化运营管理中开始捉襟见肘，问题层出不穷。

王总叙述的问题，笔者分类归纳如下：

与厂家合作层面的问题：

（1）**技术支持问题：**合作之初以为厂家能为其提供有效的管理支持，弥补自己在公司化运营中的不足，结果厂家的大区经理一个月也见不到人，见到后相互寒暄几句两天就走人，管理上根本依靠不上厂家的技术支持。

（2）**市场推广政策及策划问题：**本来要依托厂家策划市场推广政策，王总经过几个月的运作后，发现厂家提供的推广方案与市场的实际情况无法有效对接。而自己根据市场提出的一些想法在跟大区经理沟通后，经常会被大区经理复制到其他市场，自己的市场却往往得不到更大的资源支持，执行效果还不如被复制到其他市场的好，偶尔还会被大区经理诟病。

（3）**市场推广费用问题**：目前的市场费用投入严重不足，为了能将市场做出起色，王总几乎将全部利润拿出来做市场，公司经营几近亏损。如何向厂家争取更大的市场费用资源？

听完王总的叙述，笔者无语片刻……看来是厂商合作模式的改变，导致了王总的烦恼。

第二节　厂商合作的三种模式

厂商合作层面的问题是厂商合作模式不清晰造成的。白酒企业的厂商合作模式从本质上看只有三种：厂家主导模式、商家主导模式、厂商共建模式，如图 12－1 所示。

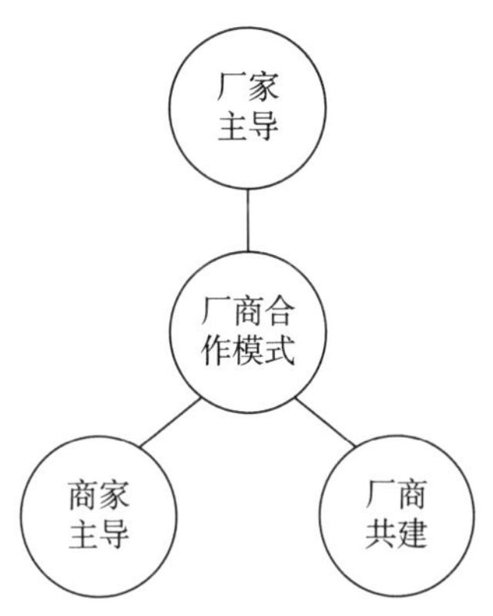

图 12－1　厂商合作的三种模式

只有明确了厂商合作模式，并对相应模式合作给予明确的条件、协议并达成共识，才能有效避免厂商合作中产生矛盾和纠纷。对于王总来讲，必须改变以往一切行动听指挥，市场问题、市场机会的把握全部交给厂家大区经理的现状。通过对厂商合作模式进行有效升级，明确自己在厂商合作过程中的地位，明确自己应有的权利和义务。

下面我们来剖析一下厂商合作模式，看看王总究竟应该采取哪种模式以便能适合自己公司的升级运营。

1. 厂家主导模式分析

顾名思义，厂家主导模式就是厂家行使一切管理导向权，厂家通过控价的形式与经销商合作，如图 12－2 所示。经销商按厂家的合作要求价格体系打款进货，按厂家指定价格进行销售并给予相应返利。厂家主导下游渠道构建和营销推广及人员投入（厂家同时管理渠道及终端，需要渠道业务人员管理经销商及分销商，需要终端业务人员管理终端，并按终端类型进行细分：餐饮终端业务、流通终端业务、商超终端业务、团购业务人员），经销商只承担配送商的角色。

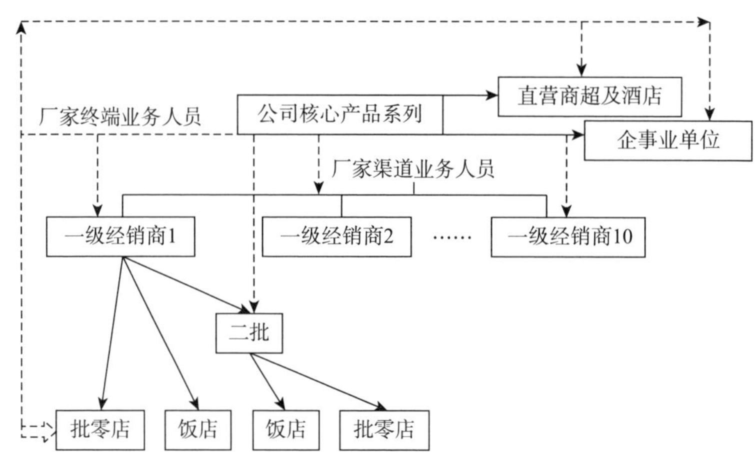

图 12－2　厂家主导模式分析图

总结：从厂家主导模式的角度看，王总以前合作的本地某强势品牌使用的就是这个厂家主导模式。相对来讲，厂家主导模式对经销商企业的运营系统和管理系统性要求不高，对经销商人员的素质要求也不高，所以王总在早年的经营管理中得心应手。因为市场上的事由厂家人员操心，销售和配送的事由王总的人负责，他的人员装车、送货干的是一样的活，拿的是一样的薪酬，谁也没怨言。

2. 厂商共建模式分析

顾名思义，厂商共建模式就是厂家和经销商共同开发市场，互惠共赢，如图 12－3 所示。厂商共建的核心思想是将经销商打造成厂家在本地区的运营管理平台。厂家在经销商的业务队伍中嵌入管理人员，对经销商人员进行日常工作的管理和指导监督，以达到高效的执行效率。

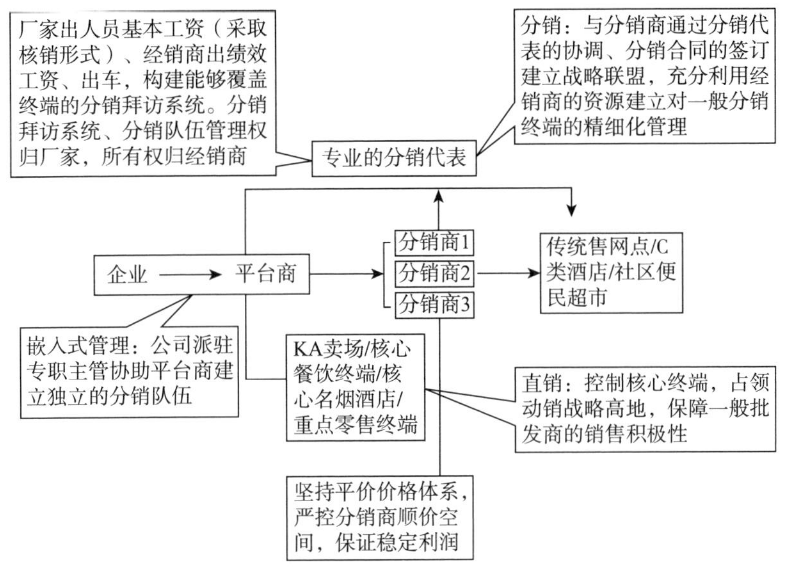

图 12－3　厂商共建模式分析图

（1）嵌入式管理：公司派驻专职主管协助平台商（经销商）建立独立的分销队伍。厂家出人员基本工资（采取核销形式）、经销商出绩效工资、分销商出车构建能够覆盖终端的分销拜访系统，分销队伍管理权归厂家，所有权归经销商，使用权归分销商。

（2）共建平台的直销部分：控制核心终端，占领动销战略高地；保障一般批发商的销售积极性。

（3）共建平台的分销部分：与分销商通过分销代表的协调、分销合同的签订建立战略联盟，充分利用批发商的资源建立对一般分销终端的精细化管理。

总结：厂商共建模式是近几年酒类企业逐渐新兴起来的一种合作模式。厂商共建模式是经销商企业向厂家学习管理、营销能力最直接有效的一种合作模式。就相当于酒厂为经销商配备了一个全程的管控帮扶体

系，辅佐经销商企业逐渐走入公司化运营的正轨，大家各行其责而又不会将经销商企业驾控。很显然，王总目前与江苏这家酒企的合作模式并非厂商共建模式，所以，王总想在运营和管理上得到厂家大区经理的支持是不现实的。另外，这种支持系统有效性的高低与酒厂大区经理的个人能力也有直接关系。

3. 商家主导模式分析

顾名思义，商家主导模式就是销售全程由经销商自行主持。包括市场开发、费用投入、品牌推广等一系列营销活动均由经销商自己组织。商家主导本质上有三种形式，如图12－4所示。第一种就是区域品牌买断商也就是俗话说的包销商，在特定区域里包销厂家特定的产品，底价进货自由操作不受厂家任何操作上的限制，同时也不享受厂家任何支持。第二种就是区域独家总代理，所卖产品可以自选。销售政策在厂家规定的范围内可自由调节，厂家只负责投入双方合作协议内的小部分市场投入和大品牌宣传（例如可共用的央视广告、省级媒体的广告）投入，经销商自己承担大部分市场推广及运作费用。本地的一切市场行为均由经销商自己策划执行。第三种就是全裸价，厂家以最低到岸价格发货（或者是经销商授权生产，委托厂家代加工贴牌），不再给经销商提供任何返利、促销、广告、宣传方面的支持。其完全由经销商自主运营，绝对主导。

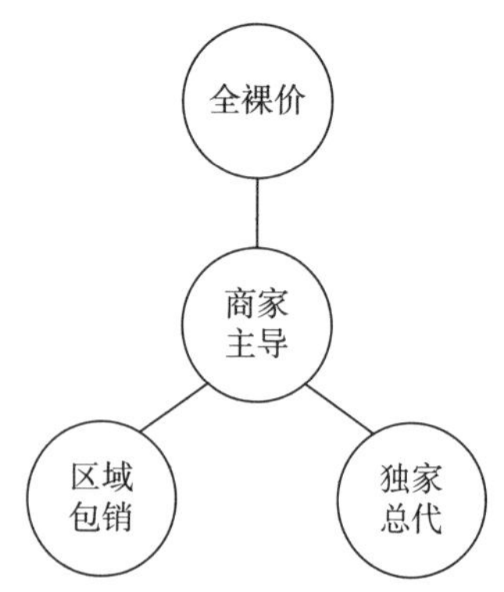

图12－4　商家主导模式分析图

总结：通过分析可以看出，王总与厂家的合作方式是区域独家总代理的商家主导合作模式。这种合作模式决定了企业不可能有过多的市场投入给王总，也不可能有经营管理方面的技术支持。所以，在合作模式不改变的情况下，想改变企业对自己的资源投入观是不可能的。

由此可见，经销商在选择与企业合作（代理产品）的时候，一定要搞清楚厂商合作的基本模式。你明确了合作模式，基本就能断定企业会对你和你的市场有什么样的投入。当然，任何一种厂商合作模式都有成功案例的代表，关键是要选择适合自己企业发展的厂商合作模式。比如说案例中王总的企业，因为以前一直习惯于厂家主导的厂商合作模式，并且其公司运营也习惯了厂家主导的合作模式。在其重新代理某品牌后，面对新企业所带来的另一种厂商合作模式产生的不适应感就在所难免。

第十三章

经销商企业管理升级

由于笔者工作性质的缘故，经常会被很多经销商朋友问到譬如如何做市场、如何管理业务团队、如何提升员工工作积极性的问题。由此类问题，引发了笔者对经销商企业公司化运营的深入思考。

对于白酒企业而言，经销商资源的优劣往往决定了企业市场运作的成败。而对于经销商企业主自身来讲，除了与具有优秀品牌资产和卓越营销管理能力的厂家合作外，经销商企业自身高效的运营管理能力也是经销商企业成功运作的核心条件。伴随着中国营销管理的不断变革，白酒行业也不得不接受变革的洗礼。经销商企业在经历公司化运营的过程中，其管理升级是痛并快乐着。

第一节　经销商企业管理升级之痛

BYB品牌经销商刘总在当地也是“老糖酒”了，刘总过去是从批发部一路走来。他经营传统批发部的时候，亲自带领一些销售人员，靠着强大的分销网络和厚道的做人原则，竟然把一个名不见经传的D品牌在当地市场做到了5000万元，成功操作了D品牌。现在，刘总在其本地白酒行业也是有名的经销商，可如今自己公司化运营的公司已经成立两年了，操盘手（职业经理人）也换了好几批，BYB品牌的操作还是不见起色。

刘总的公司从传统批发部模式向公司化运营升级时到底遇到了什么问题，该如何解决呢？带着这个经销商企业管理升级过程中产生的共性问题，我们展开了以下调研思考。

1. 老板思想观念问题

刘总一直是凭借自己敏锐的商业判断和勤奋的做事态度将自己的生意做大的。虽然生意已经从当年的小打小闹升级到今天的公司化运营，但目前只是做到了硬件的升级，而自己的软件（思想观念）还没有升级配套。

刘总凡事事必躬亲，没有充分放权。究其原因，是刘总的事无巨细导致新聘请来的操盘手因自己没有发挥空间而辞职。公司化运营更多的是体现在老板拥有正确的战略判断下的群策群力，而非个人英雄主义。

2. 由独断专行的个性导致的战略判断失误

营销模式和品牌推广模式飞速发展的酒类行业对企业主的战略判断能力有较高的要求。当企业主对企业或行业的未来战略判断出现失误，企业经营的悲剧也就随之而来。在历经多年成功的洗礼后，刘总仍然采用当年做 D 品牌成功的大分销（大流通）模式进行 BYB 品牌的运作，这对于日新月异的市场和消费者来说影响力微乎其微，自然市场和品牌推广效果就不见起色。

在引进职业经理人后虽也给予了相关支持，但在重大问题的决策上仍是独断专行，不能采取他人建议。例如，从公司发展的角度看，职业经理人建议必须增加代理品牌、横向增加业务拓展面、做大公司的运营平台等均被刘总给否掉了。刘总仍然推行“要做就做最好”的观念，想一夜做大自己手中的品牌。虽然这样的想法不能讲不对，但在推广资源、渠道资源、人力资源和厂商合作模式都受限制的情况下，一味坚持这样的想法，拒绝其他的建议，BYB 品牌的推广不见起色也就不足为奇了。

3. 厂商合作模式带来的困惑

刘总运作的 BYB 品牌与厂家的合作模式为商家主导下的产品包销模式。这种厂商合作模式的最大优点在于市场运作自主性较强，经销商不受厂家过分管制；缺点是得不到厂家在市场和品牌方面的任何支持。这种厂商合作模式也是制约刘总对市场投入资源的核心问题。

4. 员工队伍老化，新生力量难以融入

公司的销售队伍中有 70% 的人员都是由当年跟刘总在批发部里送

货的送货工发展起来的，这些员工的忠诚度和工作态度没的说，但作为销售骨干，其销售技能和个人素质普遍不高。

通过其他渠道招聘来的销售人员因为短时间内不能融入原有队伍，入职一段时间后就辞职走人了，最后所剩无几。究其原因，是刘总的队伍经过多年的磨合已经形成内部企业文化，外来员工很难融入。

5. 运营管控制度建立不合理

硬件实现公司化运营的公司，软件系统还没有升级。目前，员工还停留在过去送货工的死工资制度里，没有奖励、没有绩效、没有目标。

日常运营中，销售人员没有提成激励，没有过程管理制度。在这个终端为王的时代，其销售人员还在靠几个二批“混饭”，根本无法实施终端网络建设和渠道深耕的渠道发展要求。

6. 企业文化扭曲，老板价值观与员工价值观相左

通过长时间地对酒类经销商的研究发现，大部分早年发展起来的经销商企业基本没有企业文化。即使有也是亲缘文化，很排外。刘总的公司就是如此。

刘总的价值观更能认同那些任劳任怨干活（主要指那些平日装货、卸货表现积极，但对公司的经营和发展没有任何帮助）的人，对于那些对公司发展献计献策、思维活跃的人不是很认同。由于价值观的差异导致有战略思维的人在公司很难生存下去，因为这样的人在公司老板的价值观下往往被认为是只会说不会做的人，属于务虚型人才。

第二节　人才培养系统

企业的管理升级主要靠核心的管理工具去实现。通过这些系统的有效植入，可以提高经销商公司的运营管理能力。

通过建立人才培养系统有效推动管理升级

首先明确一个观点，这个世界没有真正意义上完美的人，往往优势明显的人弱点也很明显。在人无完人的基础上，作为企业主，一定要有海纳百川的宽阔心胸。一方面，要允许下属犯错误；另一方面，也要懂得保护下属不被心怀鬼胎的人恶意攻击。最可怕的就是作为企业主，宁愿相信别人的一句谎言，也不愿意相信跟他开疆拓土的部属的一句肺腑之言。

人才培养系统的建设，对于经销商企业来说还是个全新的命题。一方面，由于企业规模的问题，很多经销商无法建立人才培养系统；另一方面，由于经销商企业自身运营平台比较小，很难吸引高质量的人才加入。但是，作为已经发展起来和正在准备崛起的经销商老板来讲，必须将人才培养系统的建设上升至战略高度。

对于刘总的公司来说，频繁的业务人员更换，直接导致了渠道内客户的不满，很多原来的老客户都因为频繁更换业务人员导致的遗留问题拒绝与公司合作。从这个角度看，人才培养系统的建设势在必行。人才培养系统具有以下 3 个支撑点：

1. 内部培养

内部培养是根本的人力资源解决之道。综观国内外的大公司，基本都把人才的培养建设作为战略来抓，在笔者接触过的大型酒企中，绝大部分企业高层管理者都来自企业的中基层，在企业任职均超过 10 年以上。对于经销商公司而言，只有建立起有效的内部人力资源培养机制，才是实现企业管理升级的根本，人员整体素质的提高就会推动企业管理的有效升级。在建立内部培养机制的过程中，一定要注意做好员工职业上升通道设计。如果忽视员工的职业上升通道设计，会导致辛辛苦苦培养起来的员工离开，给竞争公司作嫁衣，得不偿失。

2. 外部引进

外部引进人力资源一般都是解决企业高速发展带来的巨大人才缺口或需要高端战略性人才时才采用的，因其成本相对较高，所以不是首选的办法。

3. 培训体系的建立

培训体系的建立是个长远的发展方向，也是有效提升现有人员战斗力的有效途径。但要清楚地认识到，培训与培养必须是长期行为，绝不是能够短期提升销量、管理升级的行为。人员的培养、培训是通过长期培养和教育，促使员工职业技能提升从而间接提升工作效率、管理升级的行为。

第三节　薪酬管理系统

通过薪酬系统建设推动管理升级

在对经销商企业研究的过程中，笔者发现一个有趣的现象，提到薪酬系统的建设，老板们都很敏感。更有意思的事情是，很多经销商公司的薪酬结构更改很频繁，长的一年半载变一回，短的三个月就调整一次，这样就导致公司员工团队的阶段性波动。

从笔者对众多经销商公司的薪资系统设立情况分析来看：大型的经销商公司基本已经导入带有绩效考核的薪酬体系，但是中小型经销商公司仍然沿袭底薪加提成的薪酬体系，还有部分经销商公司仍然使用固定工资的薪酬体系。其实，员工之所以跳槽，归根结底就两个因素：一是职业上升通道堵塞，员工觉得自己可以承担更大的责任，却得不到机会；二是在横向对比中，员工觉得付出与回报不成正比。

销售型的企业，只有给予员工绝对的挑战，才能唤起员工的工作激情。

这里推荐一个原则：作为企业经营管理者，每个年度根据企业的实际经营情况进行1～2次薪酬调整，本质是对的。但如果3个月调整一次，未免过于频繁、草率。

薪酬体系设置的“四管”法则（常见的薪资体系设置参考）：

1. 管吃饱——岗位工资

□ 纯粹的基本生活保障，只要员工按时出勤上班，不要打这部分工资的任何主意。

□ 换言之，基本工资是对员工存在价值的基本认同。如果公司连这个都保证不了，老板别指望公司员工对公司有任何的忠诚、奉献保障，他们随时都会为了明天有饭吃而离开。

2. 管干好——绩效考核工资

□ 绩效工资考核是对不同工作投入和不同业绩贡献的员工收益平衡的一种方式，是对员工日常工作完成的一种评价和监管系统，按照考评结果在同一起点（指同样的岗位、同样的考核工资基数）上给予员工不一样的价值认同表现。

□ 那些努力程度够高、结果表现够好的员工拿到的工资就多；那些认真程度低下、结果表现低下的员工拿到的工资就少。

3. 管过好——业绩提成

□ 任何一个员工都有改善生活品质的需求，如果说岗位工资保障了基本生活、绩效工资保证了工作积极性，那么提成工资的设置就保证了员工的主动性。

□ 因为要想改善自己的生活品质，必须通过提高工资收入来实现，业绩提成恰恰体现了员工多劳多得的工作主动性带来的回报。

□ 每个员工内心深处都有积极向上的基因，当主动和不主动、积极和不积极、业绩好和业绩不好的回报都一样的时候，结果是负面影响多正面影响少，大家都会放弃主动工作。

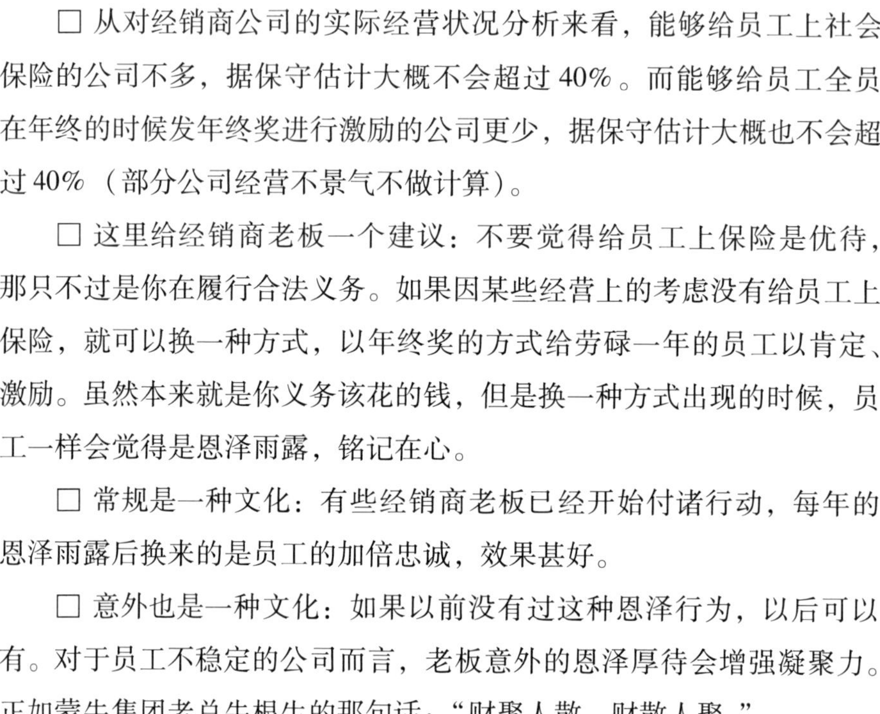

4. 管不跑——年终奖励

□ 从对经销商公司的实际经营状况分析来看，能够给员工上社会保险的公司不多，据保守估计大概不会超过40%。而能够给员工全员在年终的时候发年终奖进行激励的公司更少，据保守估计大概也不会超过40%（部分公司经营不景气不做计算）。

□ 这里给经销商老板一个建议：不要觉得给员工上保险是优待，那只不过是你在履行合法义务。如果因某些经营上的考虑没有给员工上保险，就可以换一种方式，以年终奖的方式给劳碌一年的员工以肯定、激励。虽然本来就是你义务该花的钱，但是换一种方式出现的时候，员工一样会觉得是恩泽雨露，铭记在心。

□ 常规是一种文化：有些经销商老板已经开始付诸行动，每年的恩泽雨露后换来的是员工的加倍忠诚，效果甚好。

□ 意外也是一种文化：如果以前没有过这种恩泽行为，以后可以有。对于员工不稳定的公司而言，老板意外的恩泽厚待会增强凝聚力。正如蒙牛集团老总牛根生的那句话：“财聚人散，财散人聚。”

第四节　价值观、厂商合作与组织结构塑造

一、通过认同并建立共同价值观推动管理升级

既要认同能为公司献计献策的战略型人才，也要认同为公司建设任劳任怨的战术型人才。因为一个公司的发展壮大，这两种人才都不能缺少。战略型人才可以辅助老板进行战略决策；战术型人才是老板战略决策的实际执行人。换言之，一个企业里就是要有会说的，还要有会做的。既要有对结果负责的人，又要有对过程负责的人。老板一定要忌讳

只任用与自己性格、取向雷同的人，这样极容易产生以老板性格影响形成的企业文化，将真正适合自己公司发展的人才给屏蔽掉了（**详细阐述见《经销商企业基业长青的密码：企业文化篇》**）。

用三国里“刘关张”完美组合的故事来说明这个道理。刘氏公司的老板刘备，论智谋他不如诸葛亮，论武功他不如张飞、关羽。但是，他却能认同这两种人的价值，既能认同诸葛亮的战略价值，也能认同张飞、关羽的战术战斗价值。

刘备还有一个过人的本领就是但凡他觉得能帮他建立霸业的人，都会不惜一切代价去争取。先是看中关羽、张飞的战术战斗能力而与其桃园三结义，建立兄弟文化，使张、关二人不遗余力地为其成就霸业南征北战。然后，在刘氏公司运营中，老板刘备发现自己的智谋实在有限，不足以将霸业进行到底，经水镜先生（司马徽）推荐得知诸葛亮能帮他成就霸业，于是不惜三顾茅庐将诸葛亮收于帐下。最后在诸葛亮、张飞、关羽的共同辅佐下才开始了刘氏公司的管理升级，实现三国鼎立。

二、通过找到适合自己企业的厂商合作模式推动管理升级

对于经销商企业主来讲，找到适合自己企业的厂商合作模式是解决企业发展的根本问题。

不同的厂商合作模式决定了自己公司要投入的资源大小。根据自己企业资源的情况和企业运作的优劣势去选择，才能有效地避免因为厂商合作模式不匹配带来的企业经营升级之痛。

三、通过建立有效的组织结构推动管理升级

改革开放过去的这些年里，酒水经销商的经营管理从过去的小作坊粗放式的管理已经发展过渡到今天的公司化运营管理。

在对经销商企业的经营管理研究分析后，我们发现了一个现象。大部分经销商的公司组织建设都不完善。鉴于此，很多厂家顺势将经销商培养锁定为某一渠道的专业公司。比如，有的经销商以酒店渠道操作著称，有的经销商以商超渠道操作见长，有的经销商以流通分销操作为命脉。但是，我们梳理经销商发展史就不难发现，每一个以单一渠道发展见长的经销商公司（或者说这个群体）就代表一个时代，不能保持长青。

例如，以流通分销渠道见长的经销商在深度分销那个时代快速崛起；以酒店渠道操作著称的经销商在酒店盘中盘那个时代盘踞一方；以商超渠道见长的经销商在国际卖场蜂拥崛起的时代里“挟天子，令诸侯”。但这些经销商公司的发展方式都不是王道，在这个大商崛起的时代，综合能力、综合实力才是经销商公司发展的王道。

在这样的背景下，调整设置好公司的组织结构，把组织格局设置合理就显得尤为重要。因为，对于企业老板来讲，你想做成什么样的事情就要有什么样的思考格局。公司的组织格局决定了公司的发展未来。

下面给出两种组织结构设置参考建议：

1. 以渠道细分为导向的组织结构

以渠道细分为导向的组织结构图，如图 13 – 1 所示。

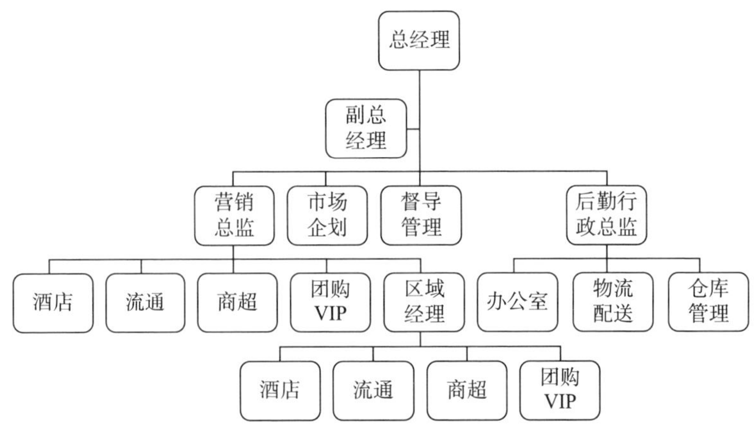

图 13 – 1　以渠道细分为导向的组织结构图

2. 以品牌细分为导向的组织结构

以品牌细分为导向的组织结构图，如图 13－2 所示。

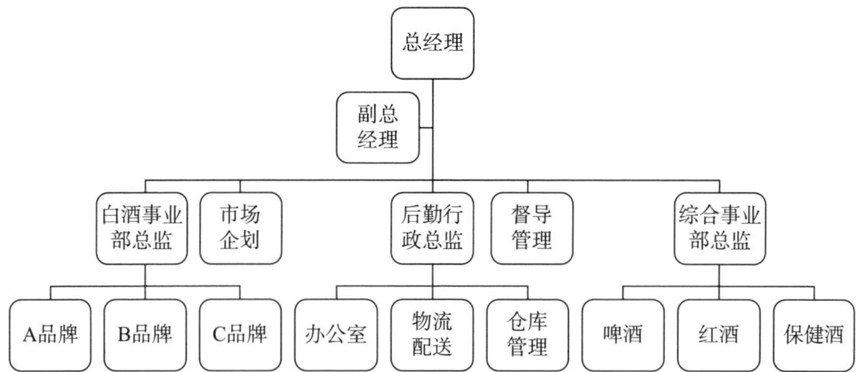

图 13－2　以品牌细分为导向的组织结构图

第十四章

经销商基业长青的密码：企业文化

第一代成功酒水经销商企业的老板们年龄大多在40～60岁。由于时代的原因，第一代发展起来的经销商老板大多上学不多、文化程度不高。很多人当年都是无可奈何走了酒类销售这条路。在那个年代，第一代经销商老板们利用他们的勤劳和智慧获得了成功，也实现了财富的积累。回顾自己在行业内接触的酒类经销商家族企业，他们当中有当年一间小屋、500元本钱创业起家的；有一辆三轮车老婆孩子齐上阵起家的；有一跪三拜借钱起家的；还有走投无路拼死一搏起家的。总之，成功的路是坎坷的。无论过程如何，结果是他们都是成功的，在这个层面上笔者无疑是敬佩他们的。

伴随着时代的变迁、行业的转折，第一代经销商企业正面临前所未有的经营管理挑战。新老交替如何顺利交棒？营销改革创新如何执行？企业文化塑造能否留住人才？

文化长青、企业长青，拷问经销商企业文化

无论是做咨询工作，还是在企业里任职，笔者都一直致力于帮助企业塑造企业文化，因为笔者一直认为除了物质（薪资待遇）以外，浓厚的企业文化是留住人才的核心要素。但是，当笔者站在咨询师的角度审视经销商企业时，突然发现很多经销商企业老板并不清楚什么叫企业文化！在上游厂家那里，他们学会了制度管人、人不管人的理念，学会了负激励，员工干得不好要罚款。但绝大多数都是照猫画虎，有三分形似，却无一分神似。他们忘记了，上游厂家在导入制度管理、导入负激励考核的同时，还导入了企业文化建设。有深厚的企业文化做背书，员工就是被罚了款也觉得企业有种家的感觉。有问题被制度卡住了，在文化的影响下也会坚定前行，因为员工知道并相信走下去前面的路是光明的。

很多经销商老板感叹，人才难求。在此回应大家一句：良禽都会择木而栖，更何况人才？一个看上去办公环境豪华的企业只有制度、只有

罚款、只有盲目冲动的想法，没有未来、没有远景，谁愿意在这干？毛泽东带领红军长征那么困难，还有举办篝火晚会。试问：经销商企业老板，你们真正关心过自己的员工吗？你的企业文化何在？

还有的经销商企业在墙上写几个大字标语、带领员工喊喊口号，就说自己的企业有很深厚的企业文化。如果写两个大字标语、喊喊口号就算是企业文化了，那这个世界上的企业恐怕就没有没文化的。一个企业要想基业长青、长生久世怎么可能是几个标语、几个口号那么简单。

第一节　企业文化这件事

1. 企业文化是什么

企业文化是企业在实践中逐步形成的，为全体员工所认同、遵守、带有本企业特色的价值观念，是经营准则、经营作风、企业精神、道德规范、发展目标的总和。按照国际广泛认可的一种说法，企业文化是个体在某个特定企业环境中的行为方式。企业文化是为企业的生存和发展服务的，因此企业运作的特征也表现在企业文化上。企业文化是一个企业吸引人、留住人的土壤。为什么很多南方人到了北方生活不习惯，南方的植物到了北方就不能好好生长？因为水土不服，土壤变了。俗话说，一方水土养一方人。这就是文化的力量和影响，这里面有价值观的不同，有生活方式的不同，有行为准则的不同，有人际关系的不同。

2. 企业文化的三个要素

（1）价值观念。企业文化是一个企业所信奉的主要价值观，是一种含义深远的价值观、神话、英雄人物标志的凝聚。企业文化就是传统氛围构成的公司文化。它意味着公司的价值观，诸如进取、守势或是灵活——这些价值观构成公司员工活力、意见和行为的规范。管理人员身体力行，把这些思想灌输给员工并代代相传。价值观念就是要明确企业的是非标准，即什么样的人在这个企业里是“好人”，应得到重用、得到利益；什么样的人是“坏人”，不应被重用，得不到利益；一个人成功的标志是什么，大家普遍追求什么，羡慕什么。

（2）行为准则。企业文化是在工作团体中逐步形成的规范准则。企业文化是企业组织的基本信息、基本价值观和对企业内外环境的基本看法，是由企业的全体成员共同遵守和信仰的行为规范、价值体系，是指导人们从事工作的哲学观念。行为准则主要是企业认为应当如何做人与做事，企业对什么事情可以宽容，对什么事情严厉禁止，怎么做是对的，怎么做是错的，它涉及决策机制、人际关系、考评标准等。通常说来，规章制度就是基于行为准则来制定的。

（3）习俗与习惯。企业文化是在一定的社会历史条件下，企业生产经营和管理活动中所创造的具有本企业特色的精神财富和物质形态。它包括文化观念、价值观念、企业精神、道德规范、行为准则、历史传统、企业制度、文化环境、企业产品等。习俗与习惯是一个企业在老板的影响下长年积累而形成的一种规定动作。比如，大家都非常有时间观念，企业年底搞联欢晚会、发奖金，什么时间发什么东西，超额完成任务后到哪里去游玩……这些事情会让大家惦记，年复一年地搞下去就成了公司的文化习俗。

3. 企业文化建设的意义

文化就是一个群体普遍默认的、心有灵犀的、不需要讲出来的、不需要解释的、发自内心认同的共识。它是隐形的、不张扬的，是基于自信而产生的带有自豪感的一种信念。我们常说，榜样的力量是无穷的，其实不然。榜样的力量远远赶不上文化的力量，因为榜样的力量是试图用少数人去影响多数人，而文化的力量则是让多数人去影响少数人。所以，一旦某种行为成为大家普遍接受的文化，就很难改变了，就像请客送礼一样，已经成为当今社会的一种文化，大家并不觉得不对，不管送多值钱的礼物都觉得心安理得，很少担心这样做是否会构成行贿罪。大家可能还记得电视上的这样一个场景，2008 年雪灾期间，火车、汽车都停运了，电视台的记者在一条高速公路上发现有一个农民工背着大包走着回家。当记者问他为什么要这样辛苦地走回家去的时候，他的答案非常简单：我要回家！这就是一种文化的力量，一切都是下意识的，很少有人去问自己为什么会这样做，而是想当然地去做。就像过什么节、吃什么食物一样，一旦某件事情上升到了文化的层次，就不用别人提醒，大家都会这样做，彼此心照不宣。很多中小企业员工目前最缺的就是信仰，包括政治信仰、精神信仰和企业信仰。这是三个不同层次的东西，缺一不可，企业文化其实就是根植于员工内心深处的一种集体信仰。

一种文化和制度可以把潜在的坏人变成好人，也可能把潜在的好人变成坏人。所以土壤的性质与特色会决定作物的品质和特色。企业文化没有好坏之分，只有信与不信、认同与不认同。企业只能吸引那些认同本企业文化的员工，留住那些喜欢这个环境的员工。

第二节　老板个人行为与企业文化

1. 老板操守对企业文化的影响

企业领导者的个人操守与工作作风直接决定了企业文化的发展方向。一个企业能否做强做大，看老板的平素品行及工作作风就能看出，所以就像郎中把脉一样只要摸准了老板个性的特点，基本上就能看出企业文化的端倪。举例说明：一位生活中表现虎头蛇尾的老板，在与客户合作的过程中会呈现由热情百倍到推诿拖延的情况。老板与客户谈合同的初期，会竭尽所能地表现本公司产品和服务的优点，其中不乏言过其实之处。一旦得到客户汇来的第一笔钱或者是合同顺利签订，则他的工作日程并不会视对方需求来定，而是以客户业务难易程度及业务大小来安排，并且会将这种情绪传递给下属，如“现在我们要把精力投入大业务中去，这种小业务先放一放，做好了大业务后，有时间再去跟进这些小业务”。在这种言传身教的影响下，员工会出现以下几种情况：第一种是随波逐流，按老板的意思去做；第二种是积极给老板建议，希望通过自己的努力能改变事实，但如果老板很坚决，不会认为你是从公司健康发展的角度思考问题，而是认为你思想僵化，这种人等于列入了老板的黑名单，要么被炒掉，要么不被重用；第三种是计划离开这个没有前途的公司。第一种情况产生的公司，最得宠的人大都是按老板意思办事的人，这在无形之中形成了一种有血型的文化，这种文化站在演绎者本身的角度来看，就是业务先分大小，再分难易程度，永远是大业务优先。站在公正的角度来说，这是不讲诚信、做事虎头蛇尾的文化。

当一个文化具备血型功能时，就会出现两极分化，因为违背这个文化的人不是自己走人，就是老板让你走人。留下来的都是执行虎头蛇尾的工作作风的人。这就是老板工作作风影响企业文化最实在的例子。

一个部门经理的工作作风影响一个小团队，一个老板的工作作风影响一个企业，特别是个性鲜明的工作作风，如虎头蛇尾、拖泥带水、只说不做。这些工作作风是目前经销商企业老板存在的缺点，这些缺点会形成文化过滤，在一朝天子一朝臣的文化哲理下，老板文化就像一个过滤器，会将不属于自己的过滤出去，留下和自己文化相近的。这也就是大家经常说的，企业文化是有血型的，相同血型的人在一起才会融合。所以，要想基业长青，经销商老板就必须努力去建立一种正语、正思维、正精进的企业文化氛围，杜绝把自己劣的一面带到企业文化中。

2. 老板个人操守在企业文化中的利与弊

一个企业家需要有容纳胸怀。比方说牛根生，众所周知他做经理时，就喜欢接济同事，一年下来的奖金上百万元，他拿来给部门添置几台面包车，主动给经济条件差的同事发一点生活费，发展到后来将自己的大部分股份设立了一个老牛基金，并总结了一句极有哲理的名言：“财聚人散，财散人聚。”老牛把自己的操守和企业文化搞得如此深入人心，以至于后来创立蒙牛时那么困难的环境下还是有许多原来的下属愿意追随，这是何等的胸怀啊？

企业家个人操守主要反映在个人胸怀、做人做事、社会大局三个方面。心胸宽广的民企老板，能容纳人，能吸引人才。反之，整天教训人、整天骂人的老板，听不到忠诚之言，看不到事物的真相。员工有一点错误，立马跳起来骂人，如此下去，将公司发展的隐患埋藏，最后还感叹这些人是狼子野心，养肥了就跳槽，忘恩负义。这属于那种自己不懂得检讨缺点，反而埋怨别人的人。你的企业文化有内涵，你的企业充满活力，你的企业未来无限，哪一个员工愿意跳槽呢？

一个人的品行优劣程度，在其举手投足中皆可看到。作为一个企业的老板，至少不能有坑蒙拐骗的迹象，或者说没有这方面的嫌疑。如果工作作风是专指老板的办事作风，那么操守就是老板魅力的添加剂。

有这样一家小企业，其老板非常喜好占小便宜，在外地出差时会将酒店所有能带走的用具都带走。去餐厅吃饭，总在人家菜里找毛病，为的是要餐厅赠送一盘菜。员工在他的带动下也逐渐养成了这样的习惯，后来发展到占公司的便宜，被老板发现后“炒了鱿鱼”，但后招来的人要么离开，要么留下的基本上和以前的差不多。

人其实是可以相互影响的，员工在研究老板的成功之处时，也在模仿老板的为人处世。所谓青出于蓝而胜于蓝，如白开水一般的徒弟在老板这个师父的教导下，当然是有过之而无不及。

3. 打造影响企业文化的能力

老板的工作作风和职业操守对企业文化的影响是深远的，也是企业寿命的晴雨表。随着打工群体素质的不断提高，打工者衡量老板的尺度也越来越科学，越来越有高度。作为企业老板，要立足长远发展的思路看自己的品行，立足长远的思路打造自己的工作作风，只有这样，你的企业文化才会健康，企业生命力才会旺盛。总之，作为企业家要先分析自己的不足，然后对症下药安排人事，尽量将公司损失率降到最低。要立足以打造一个健康的企业文化为出发点，衡量自己的一言一行，要建立作为老板对企业文化的超强影响力，指引并影响企业走向长生久世。

有几类人容易影响企业文化，尽量给自己定一个军规。谁在内部乱搞谁走人。一个企业的失败可能会有多方面的原因，但最终的原因还是在老板身上。老板个人操守及工作作风对企业文化的影响是直接的，基本上是有什么样的老板就会有什么样的企业文化。

虎头蛇尾做事的老板，可以把前锋工作自己做，后期工作交给一个执行力强的人跟进，权力下放，这样就可避免因为服务跟进不到位而造成企业信誉下降。

第三节　家族企业的文化

1. 有法可依方能凸显文化力量

对国家来说，制度就是宪法、法律法规；对企业来说，制度就是“企业宪法”。这样看来，“君主立宪”对中国家族企业来说是一个比较温和的“企业文化改良运动”。不过，就目前来说，经销商家族企业需要尽快改良、制定制度，逐渐完善企业文化建设。因为制订交接计划也好，品德教育也好，制度化营销管理也好，这些都不能替代企业文化的作用。

人们经常在家族企业任人唯亲与任人唯贤上争论，这是没有必要的。“亲”解决了忠诚可靠的问题，“贤”解决了能力问题，就如同笛卡儿坐标的横竖两条坐标轴一样，能力和忠诚的衡量标准要有坐标原点，才能有客观的尺度，而坐标原点就是制度。

经销商家族企业要“立宪”，就是把管理制度化，用公众公司中正常的管理关系代替家族企业管理中“家”的观念，通过对家族治理结构的改造，淡化家族制，强化制度管理并凸显企业文化。

如果单从企业这一内部环境看，首先需要“君主”在其大权在握的时候，能自觉进行制度建设、文化建设，从而把企业的传统权威和现代企业的制度权威结合起来，这比简单地推行股份制改造意义要重大得多。不但制定制度条文，还要落实：在“君主立宪”后，“君主”应该首先带头遵守制度（而实际上很多企业的制度首先是老板破坏掉的），减轻自己的家长作风，并通过一个“训政期”来培育员工的制度意识，使企业最终形成一个对事不对人的企业文化。在此基础上，才会使企业的未来领导人获得一种来自制度的“合理合法权威”，建立健全企业的法人治理机构，使得它们能够相互制约、相互影响。

家族企业的企业文化建设是家族企业基业长青的根基。要想让家族企业之树枝繁叶茂、长生久世，就要代代相传家族美德，让家族良好文化之根扎入现行企业文化，去影响企业的每一个员工。

切记：不要形成亲信和外来员工在同样的制度下犯了同样的错误，处理结果却不同的“企业文化”。制度的神圣和威严来源于管理者不折不扣地执行。只有王子犯法与庶民同罪的制度执行观念，才会最终形成被大家信服认同的企业文化，企业文化对员工的影响力才能凸显出来。

2. 家族经销商企业文化塑造

企业文化是一个企业竞争力的原动力所在。说起它，很多经销商企业老板都能讲上两句，什么“以人为本”、什么“为客户创造价值”、什么“求实、创新、求发展”，不胜枚举。有的甚至把政府的政治口号拿来当作企业文化用，有的把这些口号贴在公司的墙上、印在自己的内刊上，有的甚至把它写在厕所的墙壁上。空洞乏味、精美粉饰的标语怎能是企业文化？

我们需要什么样的企业文化？尤其是对经销商的家族企业来说，家族企业需要什么样的企业文化，一种什么样的家族文化？

家长制是经销商家族企业最为普遍的文化样式，但在这种企业中，由于讲究上下等级观念，家长拥有企业的生杀大权，家庭成员对于外人一般持不信任态度，并对非家庭成员进行监督。企业的非家庭成员雇员只需做事，不得问事，更不能违背命令。

这导致了以下几点危害：企业过于依赖领导人的个人能力与魅力，

一旦领导人失误则企业的方向可能出现偏差；不关心员工的发展，甚至不关心如何培养下一代接班人；一旦组织成长变大或者环境变得十分复杂，则有可能无法管理好企业，陷入单打独斗的境地，由于是一人说了算，不利于调动所有人的积极性。许多经销商家族企业难以为继的原因正在于此。这种文化不利于接班人完成文化和团队的对接，以及组织变革和制度变迁的对接。实际上这是一种专制文化，而非深厚的企业文化。

一个经销商企业老板说："做企业就是做人品。"一个优秀的品牌，是产品、人品的结合，做人要讲诚信，做企业更要讲诚信。反映在企业文化中，就是讲究人品与事业心，这是忠；要对社会、员工有责任感，勇于承担责任，有错必改，这是诚与信。人品是品牌的基础，是最重要的企业公众形象，它代表了这个群体的精神境界。

塑造并传承家族企业文化，才是家族企业不断发展的核心力量，比血缘更有凝聚力……关键要"亲"什么？"亲"的不是财富，而是对家族文化的认同和秉承，对企业的忠诚度。什么是"任人唯贤"？贤乃能力也，选拔领导人要以德为先、以能为基。要是对此认同，为何不"内举不避亲，外举不避嫌"呢？如果经销商老板能把这个事儿弄明白，何愁人才难觅！何愁基业长青！

总结：如果把经销商家族企业比作一棵树，那家族企业文化就是树的根！只有对企业文化这个大树根进行施肥整理，让企业文化之根扎得更深、更稳，家族企业之树才能枝繁叶茂，企业才能基业长青。记住那句话：文化的力量远大于榜样的力量！

第十五章

经销商基业长青的密码：交接棒

回顾自己在行业内接触的家族企业，职业经理人为家族企业服务时大多会与老板出现冲突和摩擦，这种摩擦无论对错，最终造成了职业经理人的“短命”。如果说这种情况都司空见惯，那么在企业主新老两代人的接力赛中，交棒者和接棒者出现的分歧又该如何考量？白酒经销商的家族企业基业长青的密码何在？

掐指细数身边的一些前辈同行，既有平稳交接的，也有在极度摩擦和冲突中持续的，甚至还有老子含辛茹苦几十年创办的公司、留下的家业，转眼被儿子三两年就给败光关门的。难道在中国的白酒经销商家族企业当中，主业经营富三代真的就只是个传说吗？这一棒到底要怎么交？

第一节　新老交替的长远规划

企业在开发一个新市场时，都要进行市场开发规划。选一个好的接班人是企业基业长青的根本。如同新盖的高楼大厦，品质坚实的地基决定了上层建筑的未来。对培养接班老板这么大的事情，更要有个长远规划。接班人的培养规划应该有以下内容：

1. 通过考察谈心确定接班人选

常见的三种接班人情况：第一种情况是，几个子女都有接班的意愿，这一棒传给谁更合适，接班人的选择是地基，决定了基业长青与否。第二种情况是，子女现在说对生意没什么兴趣，但保不准几年之后会重新燃起对生意的兴趣。这就得提前考虑好子女回来“接班”的安排，同时还得安排好与“操盘手”之间的交接，以及对“操盘手”这几年来的妥善安排打点。第三种情况是，子女已经接手，刚开始时对生意信心十足、雄心勃勃，但在经营一段时间后，感觉力不从心，尤其是在其遭受到挫折后便失去信心，打算放弃生意，准备重新转向求学或是去企业打工。因此，经销商老板就得准备随时能接管公司业务的“操盘手”。在实际操作中，这样随时打算接替经销商老板子女，并负责公司运营的“操盘手”，多是从公司内部员工中培养选拔。人的想法是会变的，所以经销商老板得做几手准备。

做生意这事并不是所有人都适合。“下一代子女”对生意压根儿就没兴趣的情况也屡见不鲜。强行要子女接手生意自然不会有好结果——正所谓“强扭的瓜不甜”。所以，经销商老板首先就得确定，究竟把自己的子女确定为什么样的接班人？从本质上看，接班人有两种：一种是以新老板的身份直接接手生意，以后自己直接掌控企业（公司）的运作发展；另一种就是很简单的财产所有者。公司和财产的所有权属于子女，但在生意运作方面，由于子女的不在行或者无经营兴趣，得另外找“操盘手”。常见的做法是，委以“操盘手”营销副总或是营销总监之类的职务具体去运作生意，本质的实施经营权和所有权分离。

这个时候最关键的事就是确定子女的实际接棒意愿。如果子女接棒意愿强烈但能力不足，就要考虑制定学习成长规划。当然，如果子女没有接棒意愿，就要有培养和引进“操盘手”的规划。有可能的话，还得考虑给这类高级“操盘手”一些股份，来巩固企业的经营根基。

2. 制订学习成长计划

根据不同的企业情况和接班人的意愿，确定学习时间表，经销商老板要和子女们在一起进行认真的沟通，让子女明白事情本身的严肃性，以及父母的良苦用心。学习成长计划应该包括如下内容，如表 15－1 所示。

表 15－1　学习成长计划表

拟学习科目	学习时间规划	计划学习地点	落实情况
产品和行业知识			
相关的政府政策			
发展趋势			
人际沟通与相处			

续表

拟学习科目	学习时间规划	计划学习地点	落实情况
人事管理、财务、税务			
客户管理			
渠道管理及各类案例分析研究			

3. 安排计划好成长时间段

一般培养时段在2～3年，按月或季度分不同时间段进行学习成长安排。把具体的学习计划内容详细分配到每个时间段内。

4. 检验成果

对每个阶段学习成果的落实推动进行检验、分析。是否达到了规划的目标和结果，如果没有，原因是什么？

第二节　接班人培养的艺术

1. 确定人才培养观

一般情况下，经销商企业都很少注重对员工的培养。简而言之，就是对人才的培养缺乏认识。就算有这方面的认识，也缺乏系统的培养方案、设计。所以，许多老板在子女接棒培养规划这个问题上考虑得往往更是简单。自己家的公司，让子女直接进来当个副总或是业务经理就行，边干边学。反正老板有的是丰富的经验，再加上天天在一起，有什么不懂的地方及时沟通就是了，哪里还需要什么接班人考察和规划啊？

只有清晰地确定人才培养观，企业才能基业长青。孔子讲过：“我非生而知之者，好古，敏以求者也！”这是寻求进步的表率。企业要发展就要给员工创造寻求进步发展的平台。无论是参与企业经营的员工，还是自己未来的接班人，只有经销商老板具有明确的人才培养观，为自己、为子女规划好培养成长的系统解决方案，才能产生优秀的接班人、优秀的员工，有了这些优秀的细胞企业才能基业长青。

2. 善行者未必善言

实践证明，自己会做生意的人不见得就会教别人做生意。很多经销商老板是做生意的高手，同时拥有多年的经商实战经验积累，但若涉及教育培养工作，则是另外一回事儿了。教育人的工作本身就是个专业技术性很强的活儿。在笔者所接触的经销商老板中，绝大多数属于会做不会教的类型。现实情况是，自己手下的业务员很难得到来自老板系统的技术指导。同样，其子女也很难从其父母那里学到系统的知识，况且大多数经销商老板的子女没有经历过创业的艰苦。年龄、教育背景、思维方式等方面的诸多差异，很容易导致子女对父母的管理和培养产生抵触情绪，言传身教的效果很难体现出来。

所以，把子女送到那些规范的上游企业去打工是最佳选择。只有远离父母的呵护，子女才能真正获得快速成长。子女要实习的企业最好是与自己生意存在一定关联的企业，通过实际工作，逐步学习和锻炼。在此提出参考注意事项：工作企业得让子女自己去找，老板千万别出面帮忙，更别把子女送到自己熟悉的厂家或朋友那里。让子女用自己的努力来获得成长，用自己的努力来证明自己是可以肩负重任的。

第三节　从独立创业到渐渐参与

一、独立创业——最好的试金石

经过一个阶段的上游企业的实际工作和学习锻炼，子女具备了初步的商业运营和管理技术后，也会有跃跃欲试的打算。

所以，这时千万别直接调回自己的公司。毕竟，这只是初步学了点东西，还没经过实际的验证。

这时，独立创业是最好的试金石。在条件允许的情况下，一定建议子女自己先独立创业，或是在上班的同时“边打工边创业”。这个“创业”可与经销商老板自己的生意无关，完全由子女自己来确定选择项目。创业的启动资金，最好也要子女自己想办法去解决（学会借钱，是一个老板的基础技术）。之所以要子女自己独立创业，一是让子女在创业中检验自己的所学，避免子女以为自己什么都会了，清高自大；二是把创业这一课让子女补上，让子女真正体会创业的艰辛、成功的喜悦和失败的痛苦。

只有经历这些过程，子女才能对企业经营有所体悟；有体悟就必然有心得，有心得才会用心去接这一棒。子女用自己的心得体会去经营管理企业，企业才有基业长青的细胞。

二、循序渐进参与自家公司管理

1. 千锤百炼验证接棒能力

通过子女的上游企业学习成长、自己创业的实践等环节，确定子女已具备接手公司的条件，经销商老板再将子女调入自己的公司，实现交接棒的愿望。正式进入实质性接手程序后建议不要操之过急，最好是能通过以下两个步骤来实现平稳过渡。

（1）确定平稳过渡的时间长度。一般6个月到一年。时间长些，一切都在不知不觉中改变，对比突然的改变会更容易被接受。

（2）除了老板自己的辅佐以外，还要拟定“辅政大臣”（指定2～3个管理或销售精英帮助子女共同来完成日常工作）。目的是增加员工队伍的稳定性，给角色重要的老员工（一般指的是部门经理）以安全感和价值感。

2. 低职务融入员工团队

在子女正式进入自己公司时，一定不能直接担任任何具备管理权限的职务，而只能当老板的助理或公司顾问之类的虚职。这样做的目的，是让子女与员工之间有个平缓的关系缓冲期。只有这样，子女才能快速地融入员工队伍中。

3. 树立自我形象顺利接管公司

当子女在虚职工作中利用自己在外边打工学习独立创业的经验和体悟，逐渐树立自己的专业形象并获得企业员工团队的认可后再来逐步放权，依据规划的过渡时间表，逐步让子女接手公司。

在此有个关键要素：经销商老板一定要在子女受到员工团队的认可后方可大撒手，让子女独立进行企业的运营和管理。

第十六章

列车营销带来的启示

由于工作性质的缘故，笔者经常穿梭于白山黑水之间、行进于地表云端之上，日夜兼程。在列车上，笔者经常看到列车内的售货员往返于列车车厢之间进行产品推销，笔者从来都不以为然，也从来没有进行过深入的思考。只是时刻告诫自己，这类产品都是忽悠乘客的东西，从未购买过。

前不久，笔者与一个朋友共同去参加一场在河南的经销商论坛，因为没有买到卧铺，在硬座车厢经历了一场别开生面的推销过程。由此，引发了笔者对列车营销的深入思考，或许可以给酒类企业的营销拓展带来一些启示。

第一节　记忆的碎片

1. 竹签都穿不烂的袜子

曾经有一段时期，坐过火车的人都知道，火车上售货员乐于推销的产品是那个怎么搞都搞不破的袜子。有的车上卖20元3双、有的车上卖10块钱2双。

那个售货员用个竹签、铁钎什么的在袜子上横着穿、竖着拽都不烂，一次次地在乘客面前演示，嘴里还不停地嘟囔着。乘客们纷纷用自己的人民币来实验这个“钢丝”袜子。

2. 万能的胶棒

还有一段时期，坐火车的朋友们发现，一个塑料圆柱形状的胶棒风靡列车，几乎只要你坐火车就能见到列车售货员进行现场推销。

只要用火一烤，将胶棒烤化就可以哪儿坏粘哪儿。陶瓷瓦罐、铁盆、玻璃碎片，只要是坏了的东西都能黏合上，而且售货员的操作手法极其纯熟。于是乎，家里面免不了有盆盆罐罐的乘客们也开始纷纷购买。

3. 治百病的膏药

曾经又有一段时期，一贴神奇的膏药悄然火爆于列车之上。在列车销售人员的描述下基本可以做到哪儿疼贴哪儿，包治百病。

只要你有腰酸、背痛、腿抽筋的毛病都可以贴，贴了以后一口气上8楼都不费劲。于是乎，有相当一部分上了年纪的乘客纷纷进行尝试。

□ **碎片整理总结**：笔者相信，这些在列车营销上的记忆碎片也能唤起你对列车的营销一点点回忆和感慨，也许能触动你内心深处的营销神经。列车营销的成功归根结底在于营销人员在一定程度上抓住了乘客的消费心理（猎奇心理）。这些商品在列车营销人员的思维下被找到了种种独特的卖点和功能，标准化的说辞和现场娴熟的使用模拟，以及特殊功能演示，深深地勾起了乘客的兴趣点。在你有了兴趣点以后，列车销售员马上将其推销的产品放到你手中，让你近距离进行产品体验，享受兴趣。于是，一部分兴趣点较高的乘客成了实际消费者，进行现场购买。

第二节　营销的启示

案例分享：多功能手机充电器的推销启示。

案例场所：开往郑州的火车上。

案例场景：列车售货员在车厢内推销多功能手机充电器。

产品描述：便携多功能手机充电器 + 自充电功能。（在没有电源的情况下还可以给手机电池充电）

营销方法：标准话术 + 创新产品 + 独特卖点 + 现场体验 + 垄断渠道 + 机会控制。

1. 启示一：超级话术，听起来很美

这个多功能手机充电器的售货员语言极其简洁、流畅。标准普通话的产品介绍，如同相声演员般的一气灌口式说辞；如同诗仙太白般对产品进行的美妙词句描述，乘客一听觉得很美妙，觉得这个产品挺神奇。

我们听完售货员的一番介绍后，第一感觉是这个售货员是经过严格训练的，他所推销的充电器的一切产品知识都是被固化了的。一看就是经过设计的，绝非自由发挥随便说说而已。

营销启示：很多中小型酒企在很多时候并不注意其销售员工的话术管理和培训，也很难建立起员工的培训系统，即使有培训也仅仅停留在政策传达、制度告知的阶段。在新品推广的过程中，很少有销售人员和促销人员能够不偏颇地把产品的相关知识进行精准有效的叙述传播。我们有理由相信，企业的销售人员和促销人员如果有一套标准的产品推广话术体系与管理体系，将是企业发展的核心要素之一。

2. 启示二：创新产品，看起来实用

对于这个多功能手机充电器的推销，引发了笔者对列车营销的浓厚兴趣，于是笔者把这个产品拿来仔细看了一下。我们常用的万能充电器只能在有交流电源的前提下解决不同型号电池的手机充电问题，而这个多功能手机充电器还多了一个功能，就是在没有交流电源的情况下也可以解决手机充电的问题（能在一定程度上解决断电手机的电源问题）。

在仔细地去看它的创新应用时，笔者发现，这个产品只不过是在过去万能充电器的基础上又嵌入了一个电池槽，将两节电池的电能通过转换后实现为手机电池充电。一个小小的创新应用却为不知多少潜在的商务人士解决了不时之需。

营销启示：很多产品的创新往往就是一些微小的改变，而这种改变就能换来销售动力的勃勃生机，重新给产品以生命，延长其生命周期。这一点点微小的创新应用只要能解决消费者的一点点困扰，就会给产品带来不一样的消费者支持。对于消费者来讲，实用才是硬道理！

3. 启示三：独特卖点，独特的利益

其实，对于这个多功能手机充电器来说，它那些创新的应用就是卖点，在没有交流电源的前提下还能充电就是卖点。

买过普通万能充电器的人大概都了解，一个普通的万能充电器的零售价格在20~30元，而这个能够在没有交流电源的前提下还能充电的多功能手机充电器的列车零售价格也不过只有20元。这样独特的产品给了消费者一种附加的价值和利益，花一样的钱买到不一样的东西。

营销启示：这个多功能手机充电器的营销创新应用与早年酒类营销加量不加价的做法有异曲同工之妙。但是，今天的酒类行业营销在产品独特卖点的挖掘上显然已经进入趋同时代，各个区域酒企间相互模仿进步本无可厚非，但是如果企业经营一直处于模仿状态，从未试图超越，在未来的市场竞争中就会略显悲哀。因为，在未来的酒类行业营销变迁中，如果不能给企业产品和品牌植入独特的卖点与消费者附加利益体现，面临的第一挑战就是来自消费者的不认同、拒绝。

4. 启示四：渠道垄断，阶段性氛围营造

虽然，在今天的中国经济发展模式中有很多中国特色的垄断行业存在，但是对于像列车上的消费品流通营销来说充其量属于阶段性垄断（当然笔者不否认铁路运输行业属于垄断行业）。因为乘客可以选择上车前和下车后进行例行消费，只要想消费还是有场所来实现的。但是上了火车后，就进入阶段性垄断了，因为在整个乘车过程里乘客如果想消费的话，基本脱离不了铁路售货系统。

即便是在这样一个阶段性垄断的渠道里，想要让消费者买单，也同样离不开消费氛围的营造。相声演员般的话术讲解、独特的产品展示、不一样的价值利益推介都是为了烘托消费氛围，乘客往往在欢笑中选择了消费。

营销启示：现实中，很多中小型白酒企业只注重渠道基础工作建设，从不重视消费氛围营造，以至于导致产品铺货即意味着死亡。因为，铺出去的货能不能卖得掉，影响消费者抉择的是品牌知名度和消费氛围。大部分消费者都会被从众、从名的消费习惯所影响。对于酒类行业的大部分企业来说，在不可能实现渠道垄断（甚至于阶段性垄断也做不到）的情况下，又不肯在消费氛围上下功夫、投资源，企业消沉和灭亡就成为必然的结果。

5. 启示五：现场体验，感觉打动你

像多功能手机充电器这样的产品，虽然笔者在一些广告上也听说过，但是之前没有体验过，也没有具体了解过。

不过，笔者经常感受在火车上风驰电掣时手机电池没电的窘境，即使有两块备用电池有时也难免没电。当这样一个能够解决经常因为电量不足而陷入窘境问题的产品放到笔者的手里时，笔者开始动摇以前坚定的想法（因为工作的原因，笔者属于消费相对理性的人），是否要买一个，这个东西笔者是否真的需要。

营销启示：今天的消费者消费都逐渐理性化，即使是汽车这样价格相对高昂的工业产品，也不得不展开试乘试驾的活动来满足消费者深度了解品牌、产品特性的需求。对于酒类行业而言，新产品上市之初，如果不能解决消费者首尝的问题，不能给消费者以产品或品牌使用体验的机会，推广成功的可能性就可想而知了。

6. 启示六：机不可失，过村没有店

这些列车上推销的奇特产品，总能锁定一部分有需求的乘客，因此满足一部分乘客的核心需要就成了列车营销的机会点。

一般被列车营销选中的产品都在传统流通领域相对少见，或者是还没有完全被推广认知。所以，在列车上推销就可以制造绝对的稀缺感，因为列车上推销的产品，乘客很有可能在下车后不知道到哪里能买到。当这样的结果出现时，乘客的脑海里就出现那句古老的话语：“机不可失，时不再来。”

营销启示：从酒类企业多年的操作案例来看，十有八九的企业不注重对消费者的饥渴度培养和产品稀缺管理，以至于很多企业的新产品上市一年就成为过气的老产品了。究其原因，无外乎迫切地追求快速起量。暴病来临的前兆特征就是暴饮暴食。现在行业性的改革变迁及渠道的日益多元化和消费者的品牌忠诚度提升，已经大大拉长了酒类产品的市场培育期。

第十七章

案例：迎驾糟坊的产品定位

现象和本质是对立的。现象和本质有明显的差别，现象是事物的外在方面，是表面的、多变的、丰富多彩的；本质是事物的内在方面，是深藏的、相对稳定的、比较深刻的、单纯的。因而现象是可以直接认识的，本质则只能间接地被认识。

先归纳推理，这是理论的积累阶段；再演绎推理，这是理论的应用阶段。对一个现象进行推理，就是在透过现象看本质。顺便指出，本质是相对的。

本质决定现象。现象背后的本质比现象更重要、更能发人深省、更能启迪人的反思！通过本文对白酒营销咨询案例纪实的描写，希望可以帮助大家认识现象看清本质。

第一节　产品结构梳理和推广定位

迎驾品牌架构梳理及糟坊和烧坊在迎驾品牌架构的位置：通过梳理我们认为，糟坊和烧坊产品应该归纳为酒坊系列，通过系列化来强化系列产品与品牌的关联，如图 17－1 所示。

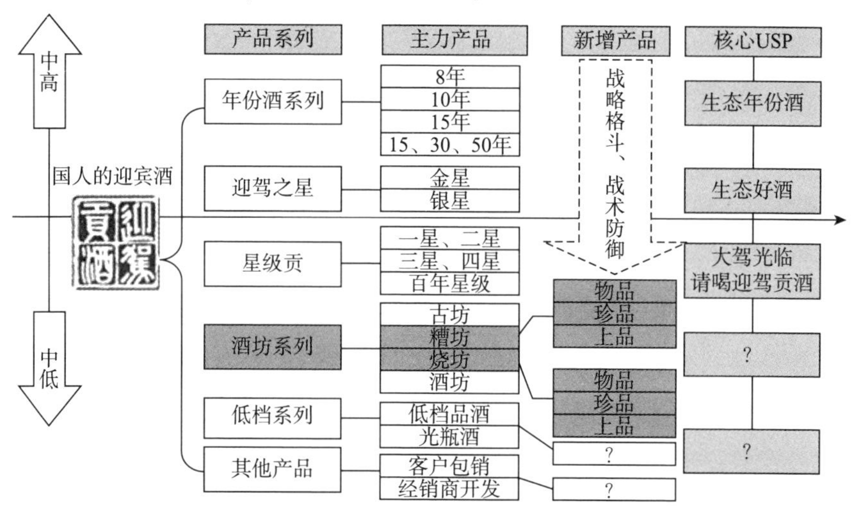

图 17－1　迎驾品牌架构梳理及糟坊和烧坊在迎驾品牌架构的位置

1. 产品定位

糟坊和烧坊是同一产品在不同区域市场的两种表现，目的是有效区隔区域；所以其产品定位均为战略性低端格斗产品，战术性低端防御产品。糟坊系列分为御品、珍品和上品三种产品；三种产品的价格分别定位为 65 元、48 元、28 元。糟坊系列产品定位，如图 17－2 所示。

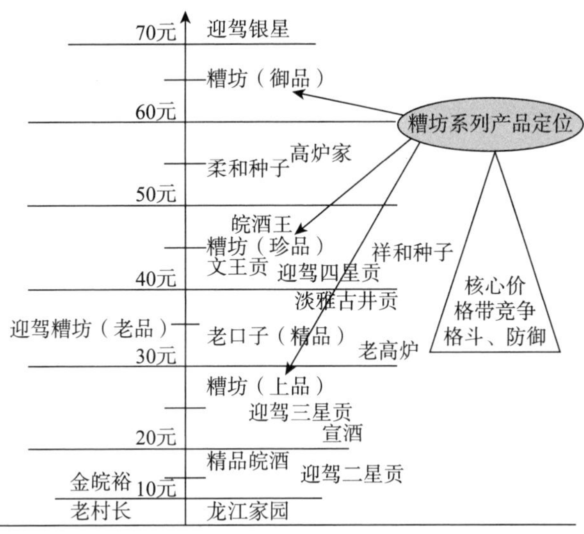

图 17－2　糟坊系列产品定位

2. 品牌定位

糟坊系列产品承载的是低端产品形象支撑的责任，既要解决迎驾低端产品形象模糊问题，又要解决消费者认知和传播问题，同时还要承担部分不成熟市场产品上市导入期的市场容积率不足问题。糟坊系列品牌定位，如图 17－3 所示。

一、作为低端价格带的一款形象产品，首先应该强调的元素就是品质，只有一款高品质、高性价比的产品才能在一定程度上去支撑品牌形象

二、在强调品质的同时，还应注重与竞争对手的区隔，只有与众不同，才能为消费者提供购买的理由

图 17－3　糟坊系列品牌定位

3. 品牌塑造

品牌塑造，如图 17－4 所示。品牌塑造的三个方面之间的逻辑与关系，通过这三个方面的逻辑关系梳理来进行糟坊品牌定位。

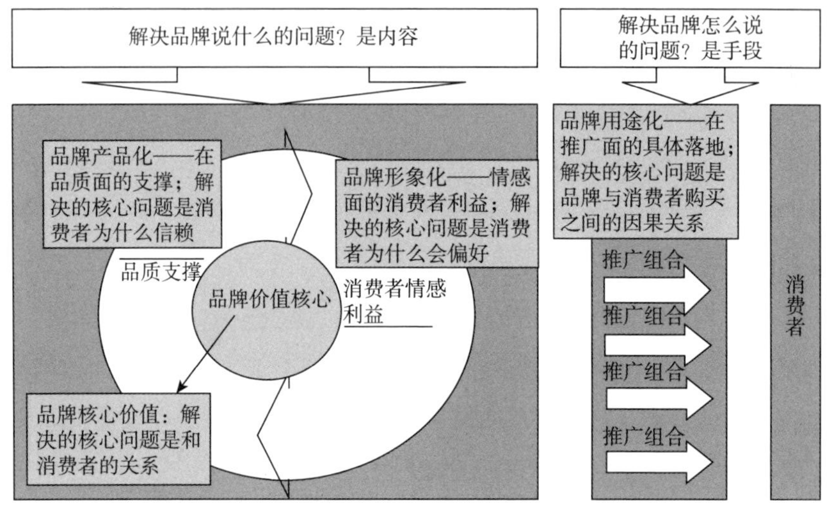

图 17－4　品牌塑造

第二节　品牌核心价值及诉求的推演提炼

1. 核心观点

品牌核心价值的提炼必须从消费者、竞争者、品牌自身三方面分析。品牌核心价值分析，如图 17－5 所示。

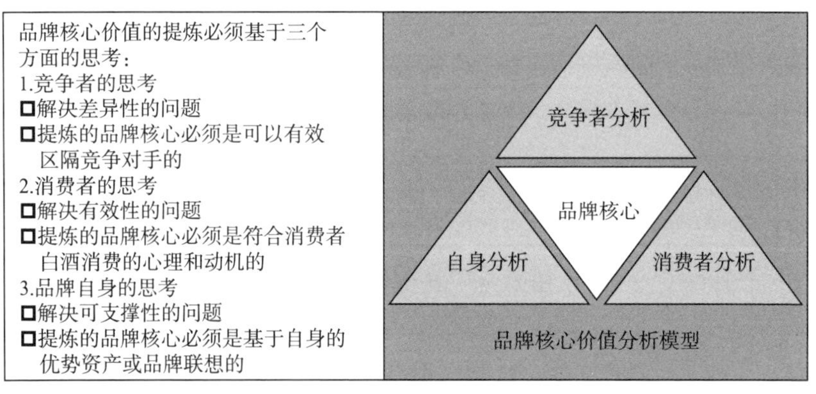

图 17－5　品牌核心价值分析

2. 消费者分析——核心消费群

核心消费群分析，如图 17－6 所示。

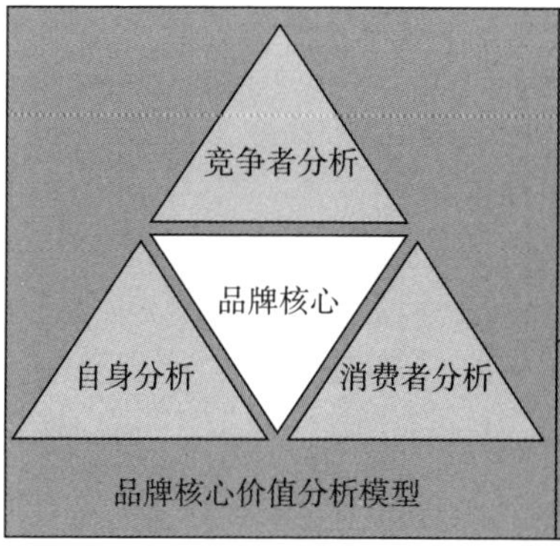

竞争者分析
品牌核心
自身分析
消费者分析
品牌核心价值分析模型

年龄区间	30～50岁
职业特征	创新岗位人才、白领、事业小成的商政精英
典型消费场合	商政务聚饮：中低端商务、政务用酒（接待来宾、商务聚餐、庆功宴会） 送礼：中低端馈赠宾客 日常聚饮：朋友小聚、亲属走访
特性描述	新世纪社会的中流砥柱，通过自身的努力成为在区域/行业的代表人物，享受着社会各方面的尊敬、优待和便利。事业或工作有小成，进入中产阶级的人

图 17－6　核心消费群分析

3. 消费者分析——白酒消费需求

白酒消费需求分析，如图 17－7 所示。

社会性需求

消费场景		消费动机	核心需求	关键词	典型代表品牌
送礼消费		传情达意/公关	体现尊贵 /关怀的心理满足	尊贵/面子	五粮液/茅台
聚饮	商务/政务饮酒	应付和控制场面的能力/公关能力	在宾主言欢之间，沟通接洽，调节现场气氛	尊贵/身份	口子窖
	朋友聚饮	显示好客与热情	朋友间情感与快乐的溶剂	真挚	高炉家酒
	家庭聚饮	有助于团聚时的氛围营造	欢乐和幸福的小康	幸福/欢乐	金六福
独饮		自我满足，解酒瘾	品质/价格	物美价廉	尖庄/二锅头

自我需求

结论

□从品牌的核心消费群及其消费心理分析，我们发现，白酒的典型消费场景基本上均为此五种场景。而作为中低档白酒的糟坊系列，典型的消费场景为家庭聚饮和朋友聚饮加部分中低端商政务用酒

□我们通过对目标群体这两种典型消费动机的检索，发现其核心的关键词为徽酒代表、中低端白酒典范。典范、代表的语句应用，在一定程度上迎合了中低端消费者不想多花钱，又能有较高价值彰显的消费心理

图 17－7　白酒消费需求分析

4. 自身品牌资产及品牌联想分析

从迎驾及糟坊品牌的名称可以检索出相关的关键词，即皇室文化、汉文化和糟坊精华文化，这也符合中低档白酒消费者的心理。自身品牌资产及品牌联想分析，如图 17－8 所示。

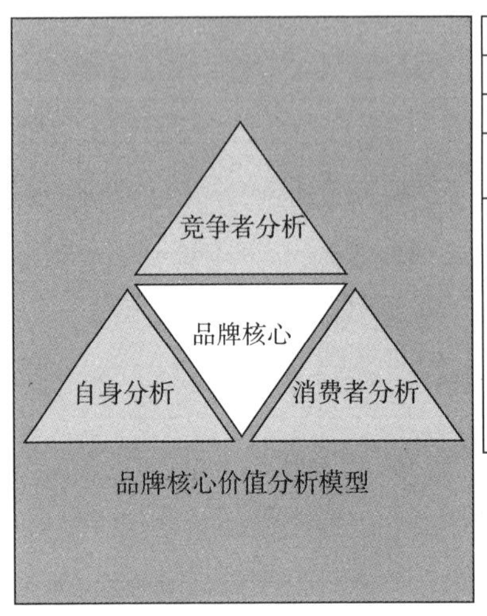

自身检索要素	要素描述	分析	选择评估
代言人	无	/	×
广告语	无	/	×
品牌文化	迎宾文化	大驾光临， 喝迎驾贡酒	× 大品牌体现
系列名称 糟坊系列	核心要依托的是汉朝文化	*深度诠释糟坊系列酒汉朝文化，加深消费者认知 *深度挖掘汉武帝皇室文化，明确糟坊系列产品独特诉求	√

结论

□从自身的各个要素进行检索，我们发现，因为糟坊产品上市时间长，早期并没有系列化操作，品牌传播弱，活动开展少，因此糟坊产品虽然早年是核心产品却没有核心诉求

图 17－8　自身品牌资产及品牌联想分析

5. 竞争者分析

从安徽各主要竞争对手的检索发现，除全国性高档白酒外，地方品牌都未将“糟坊和汉文化及汉皇室文化”作为其品牌核心价值。竞争者分析，如图 17－9 所示。

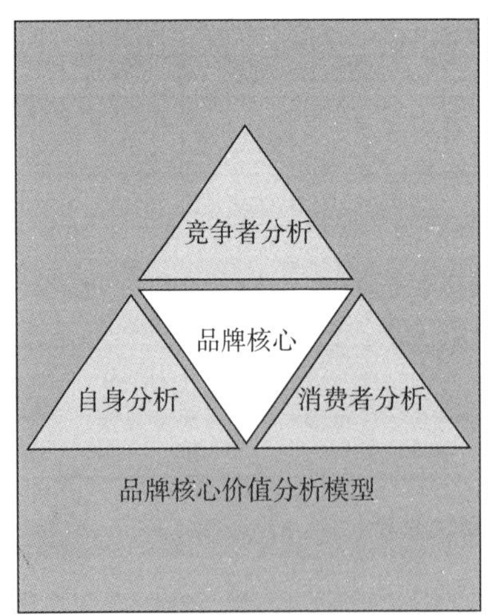

全国市场竞争格局		传播概念	品牌核心
全国性中低档白酒	老村长	好水、好粮、酿好酒	产地/品质
	衡水 老白干	衡水老白干， 喝出男人味	身份/情感
	黑土地	浓缩东北概念， 五谷生香	产地/原料/品质
	枝江	知心、知己、枝江酒	情感
	泸州老窖	中国浓香型鼻祖	血统/根基
地方品牌	文王贡	大爱无疆	博爱文化+情感
	高炉酒	让交流成为暖流	家文化
	皖酒王	/	“徽文化+老乡情结”

结论

□全国性的中低档白酒，大部分都在讲情感诉求，还有部分在做产地文化诉求，这为糟坊的概念独占提供了有利的条件

图 17－9　竞争者分析

6. 品牌核心提炼应用

品牌核心提炼应用：汉文化＋老糟品质＋皇室文化的应用。品牌核

心提炼应用，如图 17－10 所示。

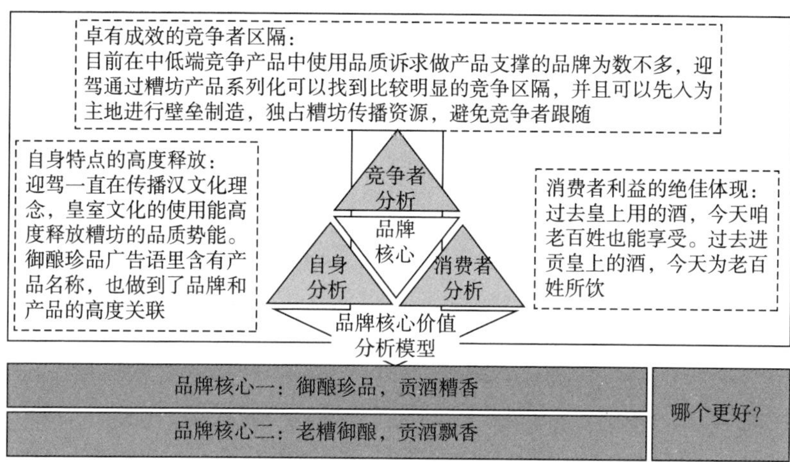

图 17－10　品牌核心提炼应用

7. 糟坊品牌主画面应用

糟坊品牌主画面，如图 17－11 所示。

图 17－11　糟坊品牌主画面

第二篇　操作方法篇

第一章

“五化”管理模型，让销量提升十倍

无论是快消品行业还是其他行业，一个产品能不能做好，能不能做起来，能不能快速起量，最关键的因素是什么？有人会说是产品是否有吸引力，也有人说是有没有好的操作思路，还有人说是能否找到好的经销商，或者厂家投入是否较大，或者说是否有高空广告，等等。产品能否做好，与以上因素都有关系，但都不是最核心的因素。笔者认为，最核心的因素应该是人，就是一线销售人员，看销售人员单兵作战能力是否强，单兵作战能力强就可以以一抵十，出奇制胜。那么业务员单兵作战能力如何提升呢？笔者从以下几个方面为您一一解读。

第一节　建“傻瓜式”模板形成标准化

对没有做过销售的人来讲，总感觉销售很复杂、很高深，所以无形之中会产生恐惧心理。最典型的就是新业务员不敢进店，进了店又不知道怎么和店主沟通，整个状态很慌乱。慌乱的最主要原因是什么？最主要的原因是业务员不知道该和店主沟通什么内容，怎么沟通才能促成成交。那么作为管理者来讲，就可以把员工日常工作总结出一个模型来，也可以说固定模板。比如说，介绍产品，管理者可以写出“产品卖点介绍”书面版；如何新开店，管理者就可以写出“如何介绍产品和应对终端提出的问题”；如何进行终端拜访，管理者可以写出“终端拜访八步骤或者五步骤”。这样形成固定模板对业务员进行培训，就把很多无形的东西变成有形的东西，业务员就有章可循，不至于盲目（此法最为适合没有干过业务的新员工），如图1-1所示。业务员水平和能力就会有一个基本提升，最起码可以正常单独进行终端拜访，不至于被老板问到无话可说，也不至于不会介绍产品。

图 1－1　建立工作模板对员工进行培训

第二节　用“传帮带”思维建立学习化

和什么样的人在一起，你就会变成什么样的人，这充分说明，人是容易受身边人影响的。销售经理和销售主管的实战经验比较丰富，带新人的最主要目的是把自己好的习惯和实战经验传授给新人，使新人切实体会到工作应该怎么干，如图 1－2 所示。销售经理和销售主管在带新人时应该注意以下几个问题或者说应该做到以下几点：

1. 扫街式逐户拜访

无论店多小，也无论店有多大，都要进店拜访，真正做到不跳店不漏店，将政策告知每家店。这也是一个好的业务员最重要的评判标准，要把这个习惯传递给基础业务员。

2. 时刻传递正能量

销售经理和销售主管也不是神人，也会遇到刁钻刻薄的终端店老板，这很正常。在这种情况下，销售经理和销售主管不能发牢骚，因为你的情绪时刻影响着业务员，要告诉业务员这种情况很正常，老板就是这种性格的人，对哪个业务员都一样。每次要持续拜访，总有一天会与你合作，坚持就有回报，你这样说业务员就会这样想，因为业务员是一张白纸，在业务员眼里你目前就是专家。

3. 现场授课

每谈一家店，出来后都要给业务员分析话术，开店话术自己是怎么说的，按什么顺序说的，对于老板提出的问题是如何应答的，开店成功了，成功点在哪里，开店失败了，为什么会失败，都要把要点给业务员解读清楚，做到现场授课。

4. 生动化打造

终端生动化打造其实是项有技术含量的工作，也是作为快消品业务员的日常工作，生动化打造的原则就是：美观、有效、有震撼效果。销售经理和销售主管一定要带好头做好终端生动化打造，同时教业务员为什么要做到生动化打造，怎么才能做好。

5. 给业务员现场实战演练的机会

不下水永远学不会游泳，所以要找店让业务员亲身实践，作为销售经理和销售主管对业务员进行现场指导，业务员肯定能快速进步。

6. 打破业务员思维，不要给自己设限

业务员卖货从来没有一家终端拿货超过 10 件或者更多，这本身就是问题，这说明业务员单家成交一直没有突破。但业务员手里核心店数量在短时间内是一定的，所以导致总销量也不可能有大的突破，如何解决？作为管理者，一定要把大坎级政策制定出来，比如 50 件政策、100 件政策，因为只要制定出大政策才有可能实现，实现了业务员思维才有可能被打破。同时，作为管理者，不仅要引导业务员谈大单，同时要带业务员去谈大单，哪怕成交一家，业务员思维就会被打破，就知道大单如何去谈，知道了这些还怕量上不去吗？

图 1－2　“传帮带”，提升快

第三节　将“成功案例”总结模式化

做业务和上学读书是有共同点的，学会总结对于自身能力提升是至关重要的，自己这一单谈成了，要总结促成成交最关键的点是什么，谈活动肯定是要技巧的，时常总结就会找到这些技巧，从而功力大增。

1. 谈活动要从高往低谈

这句话很多业务员都听说过，但是没有这样做，那是因为对这句话理解还不够深刻。首先从高往低谈不容易错过大的客户，另外一点就属于心理学内容，你去买衣服，店家报衣服 50 元一件，你就是讲价能讲到多少，能讲到 30 元就很不错了，但是同样的衣服店家报价 800 元，你好意思问店家 30 元卖不卖吗？肯定不好意思。谈活动也是如此，你张口谈 3 件，最终可能成交 1 件，如果你张口谈 10 件，你想一下，有没有可能成交 5 件或 8 件，不是有可能而是肯定有可能。

2. 谈活动给自己留足够的进退空间

大部分老板是会讨价还价的，作为业务员明明很清楚，但还是有那么一部分业务员不能够做到灵活应对，最终本该成交的单子没有成交。公司规定 10 件送一桶油，有经验的业务员都是与客户谈 12 件送一桶油，最终10件成交，没经验的业务员严格按照公司要求传达10件送一桶油，老板要求8件我就送，你说成交还是不成交？成交的话，业务员不仅拿不到提成可能还要亏钱；不成交的话又非常可惜，造成食之无味弃之可惜的尴尬局面。

3. 学会灵活组合

公司规定10件送电磁炉、20件送个微波炉，高手宣贯活动都是35件可以送电磁炉+微波炉。这是一种思维，销售是灵活多变的，不是一成不变的，作为业务员，在未违反公司原则的情况下要做到灵活变通。

像这样的经验技巧还有很多，作为业务员要时常总结，作为管理者要把所有业务员的成功经验进行总结，然后给大家培训，以提升员工单兵作战能力，如图1－3所示。

图1－3 成功经验培训，提升单兵作战能力

第四节 树“正确观念”打造标杆化

“观念”一词听起来有点玄，同时又可能感觉有点虚。其实不然，正确的观念对于业务员业绩的提升和好习惯的养成至关重要。

消极观念：我看到这个店就头疼。积极观念：我要让店老板看到我就头疼。你会发现如果拥有积极的观念，没有什么店是你拿不下的，因为你的目的就是让老板看到你就头疼。你已经放下恐惧、放下所谓的面子，准备接受店老板的一切拒绝，树立这样观念将无往而不胜。

消极观念：我认为这个店不会要货。正确观念：千万不要我以为，让事实说话，我要把活动政策通知到每家每户。干业务这行，“我以为”三个字害人不浅，会损失很多客户。所以，首先要让业务员树立正确的观念，“千万不要我以为”，管理者可以把这些正确的观念张贴到墙上，让业务员每天早上读一遍，这样业务员的日常工作效率能大大提升，业绩自然也会提升。

用正向的观念树立标杆业务：榜样的力量是无穷的，一个榜样的作用不是卖多少货，而是用实际行动告诉其他人，我可以做到，你们也可以做到，这样会增加团队的信心，无形中带领团队向前冲，没有什么不可能。作为高层管理者，一定要不惜重金去打造标杆业务，自己团队的优秀业务人员，作为管理者要帮助他找到增量机会点，让优秀者变得更优秀，同时也可以发掘同行业或者竞争对手中特殊优秀的销售人员，花重金挖过来。

第五节 建“机制文化”实现情感化

重赏之下必有勇夫。不要只知道在促销和陈列上花重金，在做广告上进行大投入，而忽视了最关键的一点，那就是一线销售人员。只有销售人员愿意干，有激情地干，以上动作才能得到执行和落地，才能真正在市场上起作用。所以，产品与产品之间的竞争，厂家与厂家之间的竞争，排在第一位的应该是人才的竞争，是销售团队单兵作战能力的竞争。优秀业务员无论销售名牌产品还是杂牌产品都能卖好，而弱的业务员再大的品牌照样卖不好，所以无论是厂家还是经销商，都要做到与奋斗者共赢，对业务员激励这方面要做大投入。同时，在物质激励时不要忽视精神激励，每个人都是有梦想的，谁也不希望一辈子都做业务员，都有做高管的梦想。所以，作为企业一定要设置好员工晋升机制，同时多增加对员工培训和学习的机会，帮助员工实现梦想。

都说业务员管理要像军队一样，有铁的纪律，要打造狼性团队，但话说回来，我们毕竟不是军队，业务员偷奸耍滑我们也不可能把业务员拉出去枪毙，即使按制度进行惩罚业务员都不一定服气，这使很多管理者感到困惑。实际上，管理者在管理方式这方面要多思考，现在业务员服从的不是管理制度，而是管理者本人，所以管理者要注意方式方法。比如说，早会处罚员工前一天和员工进行沟通，提前告知，让员工感觉自己受到了尊重，第二天你批评他、处罚他，他还会有怨言吗，还会有负面情绪吗？业务员能不服你吗？人都是将心比心的，都是吃软不吃硬，管理者能够做到这一点，团队的心就会慢慢向你靠拢。同时作为管理者，要冲锋在前，切实为业务员解决困难，和业务员一起想办法来提升业绩，做到一视同仁，发自内心地去关心业务员生活，关心业务员成长，能够做到这些，团队才会越来越团结，团队才能越来越稳定，战斗力才能越来越强。

以上五点分享，希望能对您的工作有所帮助，快速提升业务员单兵作战能力，使得业务员个个成为行业内的“特种兵”。

第二章

新品上市："3+1"市场调查法

黑格咨询研究发现，很多企业都有这样的一种困惑：经常一个新产品成功招商后、铺货后，想着货如轮转、财源滚滚，上市后突然发现，产品在终端走不动了！一时间，经销商迷茫不前，销售人员垂头丧气，终端老板失去信心，一个月后终端老板也纷纷要求退货……

为什么新产品到了终端就此打住？如何让它在终端动销起来？笔者将从市场调研、终端铺市、产品动销三个维度为您一一解读，希望对有缘人能够有所帮助。

第一节　调查目的和调查内容

区域市场新品上市的标准化操作路径与节奏，如图2－1所示。

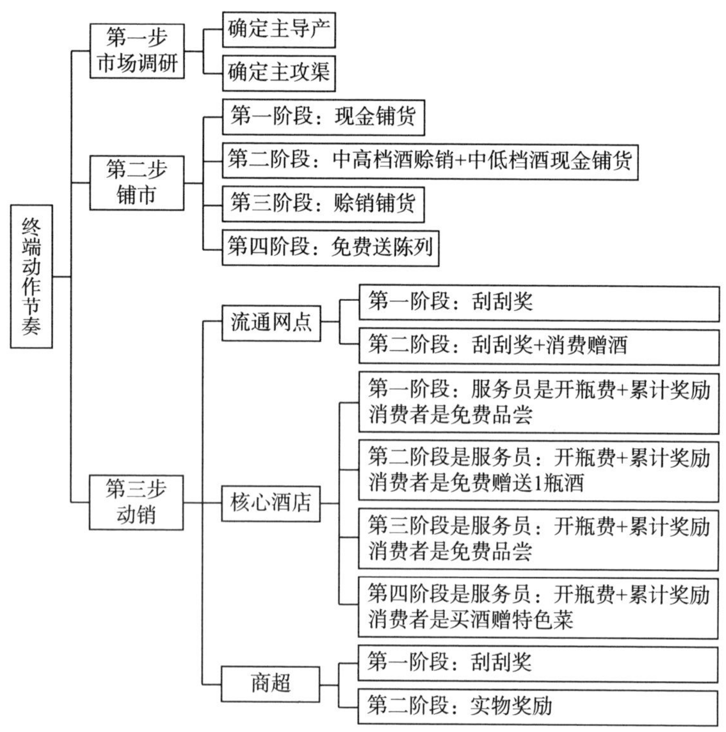

图2－1　区域市场新品上市的标准化操作路径与节奏

图解：

（1）图2-1为一个区域市场新品上市的标准化操作路径与节奏，原则上厂家业务人员应根据各市场竞争环境的不同与经销商沟通后调整执行。

（2）厂家业务人员的主要工作就是围绕图2-1，协助和配合经销商，组织和培训相关业务人员，在铺货、陈列、氛围营造、促销活动设计、客情维护等方面实现标准化的运作。

（3）铺货的第一选择（第一阶段）为"现金铺货"，但应根据竞品和市场的实际情况进行调整，如铺市时间较紧、任务较重则可以直接采取第二选择；首轮铺货期控制在1~3个月内，然后再根据铺市进展情况对二次铺市政策进行调整。

如第一阶段方式执行未能达到预期效果，可采用第二阶段的铺市方式，即部分赊销+部分现金铺货。如第二阶段方式效果仍然较差的话，可采用第三阶段方式甚至是第四阶段方式。

（4）消费者促销活动的开展，必须在主攻渠道达到一定铺市率的前提下才能进行，以做到推拉的匹配。

（5）动销中的"第一阶段"是指：产品铺入该终端后的前3个月内；"第二阶段"是指：产品铺入终端后的4~6个月内。

"3+1"市场调查法

"3+1"市场调查法的定义："3"代表市场调查中的外部三个层面，分别是消费者、通路、竞品；"1"代表市场调查中的内部层面，指经销商。

为了更好地达到我们市场运作的要求，需要当地的客户经理对某市场包含以上所提的"3+1"个层面进行相应的调查，以取得更详尽的资料，来帮助我们做好一个新产品市场开发的研判工作。

（一）调查目的

确定该市场主推产品组合。确定本品进入当地市场的主流渠道。

（二）调查内容

1. “3+1”的“3”

（1）消费者方面

消费者方面调查内容，如表2-1所示。

表2-1　消费者方面调查内容

调查类别	调查内容
白酒度数	当地消费者通常饮用多少度数的白酒？
酒水自带率	消费者自带酒水在酒店消费的概率是多少？
购买渠道	消费者通常选择哪一种渠道进行购买？

（2）通路方面

通路方面调查内容，如表2-2所示。

表2-2　通路方面调查内容

<table>
<tr><th>调查类别</th><th colspan="3">调查内容</th></tr>
<tr><td rowspan="2">渠道数量</td><td>1. 大卖场的数量</td><td>3. 名烟名酒店数量</td><td>5. 食杂店数量</td></tr>
<tr><td>2. 商超的数量</td><td>4. 酒店数量</td><td>6. 批发市场数量</td></tr>
<tr><td rowspan="3">相关费用</td><td>大卖场及商超</td><td colspan="2">进场费、条码费、堆头费</td></tr>
<tr><td>名烟名酒店</td><td colspan="2">进场费、陈列费</td></tr>
<tr><td>酒店</td><td colspan="2">进店费、同场促销费、
全场买断费、进促销员费用</td></tr>
</table>

（3）竞品方面

竞品方面调查内容，如表2-3所示。

表2-3　竞品方面调查内容

调查类别	调查内容
销量排名前三的白酒品牌及主销产品	列出各档次销量排名前三的白酒品牌
	确认销量排名前三的白酒品牌的主销产品
	主销产品的度数、品质及各渠道终端的价格
	主销产品在各渠道的销量比例，判定其主渠道
	主销产品的渠道利润

2. "3+1"的"1"

经销商方面：根据前期市场调查的情况，结合当地经销商的实际情况，选择合适的渠道和产品进入渠道的先后顺序。经销商方面调查内容，如表2-4所示。

表2-4　经销商方面调查内容

选择渠道	符合条件之一
选择B、C类现饮终端	1. 客户拥有B、C类现饮终端
	2. 客户没有现饮终端
	3. 客户没有较好的社会资源
	4. 另类客户
	5. 该市场主推中低档酒
选择A、B类现饮终端	1. 客户拥有A、B类现饮终端
	2. 客户有较好的社会资源
	3. 该市场主推中高档酒
非现饮终端	该市场自带酒水比较普遍、名烟名酒店较多、酒店又不收服务费

第二节 调查方法和市场确定

（三）调查方法

终端走访＋经销商访谈，如表2－5所示。

表2－5 终端走访＋经销商访谈

走访类型	走访数量
大卖场及商超	8家（城南、城北、城东、城西各选2家商超进行走访）
名烟名酒店	10家（城南、城北、城东、城西街道各选3家进行终端走访）
酒店	A类酒店走访5家，B类酒店走访10家、C类酒店走访15家
消费者	10人

注：上表设定数量，各地可根据实际情况上下调整1～2家。在进行终端走访时，通常会扮演消费者，作为一名购买者，询问销售人员相关情况。

（四）市场确定

1. 产品确定

跟随主竞品的特征确定：依照当地主流竞品来选择新产品进入市场的主推产品，作为新产品通常采取跟随策略。

例如：某市场主流竞品终端零售价位在45～50元，以42度为主，新产品可选择在这个价位区间内的某产品进入市场。定价可比主竞品略高，多留些利润空间给予经销商运作。

2. 渠道确定

（1）根据优势确定渠道，如表2－6所示。

表 2-6 根据优势确定渠道

对该类型渠道的掌控能力				确定渠道类型
酒店	商超	名烟名酒店	分销	
★★★★★	★★☆☆☆	★★☆☆☆	★★☆☆☆	酒店
★★★☆☆	★★★★★	★★☆☆☆	★☆☆☆☆	商超
★☆☆☆☆	★★★☆☆	★★★★★	★★☆☆☆	名烟名酒店
★★☆☆☆	★☆☆☆☆	★★★☆☆	★★★★★	分销

注：★★★★★表示掌控力很强；★★★★表示较好；★★★表示一般；★★表示较弱；★表示基本无此类渠道掌控。

此外，如果该经销商在某两类型渠道掌控力都有超过 4 星或以上，可以考虑同时进入。

（2）与竞争对手的渠道形成差异化。

原则：结合经销商的资源优势，避开竞争对手的主要渠道，选择竞争对手不主攻的渠道作为主要渠道。

示例：如果竞品的主要渠道在 A 类酒店，并且买断了绝大多数 A 类酒店，这时我们就要避开 A 类酒店，结合经销商的优势资源，选择 B、C 类酒店或者商超、名烟名酒店为主要渠道。

附件：

（1）对终端的定义

对终端的定义，如表 2-7 所示。

表 2-7 对终端的定义

名称	划分标准				经营特点	综合界定	典型代表
	有无名酒专柜	营业面积/平方米	顾客范围	产品种类			
大卖场	有	2500以上	主要顾客群为半径 25 分钟路程以	至少提供 10 个类别以上的产品商品开	一站式购物，提供免费停车、手推车，消费者自	广告型、促销型、竞争型	沃尔玛、家乐福、麦德龙、

续表

名称	划分标准				经营特点	综合界定	典型代表
	有无名酒专柜	营业面积/平方米	顾客范围	产品种类			
大卖场			内的家庭消费者	架陈列，定量包装，明码标价	选商品，无售货员服务，出口一次付款结账，电子结算，拥有专门团购部门		大润发等
区域连锁（单点）超市	无	100～2500	主要顾客群为半径10～15分钟行走路程以内的家庭消费者	通常提供5～10个类别以上的产品商品开架陈列，定量包装，明码标价	地域特点浓，位置便利，连锁超市门店多，总部集中采购，消费者自选商品，无售货员服务，出口一次付款结账，电子结算，可能拥有团购网络	促销型、竞争型	苏果超市、华润超市、红旗连锁
副食店	无	100以下	主要顾客群为商店半径5分钟以内行走路程的购买者	通常提供6个类别以上的产品，产品以食品、调味品、烟酒、饮料为主	以货架、货柜存列，以开架或非开架方式销售产品	效益型	—
名烟名酒店	部分有	300以下	零售以周边居民为主，可能有固定团购顾客	以香烟、酒饮销售为主	产品主要以货柜方式陈列，可能拥有团购网络	广告型、促销型、效益型	—

（2）对酒店终端类型的划分

现饮终端依据消费水平不同可大致分为高档酒店、中档酒店、普通酒店。现饮终端的类型及特点，如表2-8所示。

表2-8 现饮终端的类型及特点

终端类型	基本特点	综合界定
高档酒店（A类酒店）	装修有特色，大厅与雅间均有空调，大厅40张大桌以上，雅间20间以上，以公务、商务用餐为主，酒店分工明确，店堂明亮整洁，有漂亮的迎宾或门童，结账及时，具有较高的知名度	广告型、竞争型、效益型
中档酒店（B类酒店）	大厅有30~50张餐桌，雅间10间以上，雅间有空调，菜单价位中档，店堂明亮整洁，有迎宾小姐，具有一定的知名度，内部分工明确，结账较及时	广告型、促销型、竞争型、效益型
普通酒店（C类酒店）	除高中档酒店以外的低档餐饮店，包括大排档、火锅店在内	效益型、竞争型

第三章

新品上市：终端铺市实战

一个新品上市时无论营销策划多么科学全面，广告轰炸力度多么大，如果产品没有铺市率，一切都是空谈，要想提高销量就先得提高铺市率，要想提高铺市率就要先制定合理的推广政策，并培养一流销售团队去执行。

第一节　终端铺货四部曲

厂家业务人员在该市场进行铺货的时候，必须严格按照以下4个阶段依次进行，而不能直接跳跃选择后面的第2～4阶段。

1. 第一阶段：现金铺货

根据市场的实际情况，通常建议带促销政策进行铺货。个别成熟市场，已在当地有较强拉力的情况下，可以选择不带政策铺货。

2. 第二阶段：中高档酒采用赊销+中低档酒采用现金铺货方式

应用前提：

（1）第一阶段方式未能奏效。

（2）像新产品单价较高的白酒，如果采用现金铺货会使店家单次进货成本较高，从而产生抗拒心理，所以可以采用赊销的方式。另外，可以根据实际情况，化整为零铺货，也就是可以最低如2瓶进货（或者4瓶）。

拆零铺货的瓶数设定标准：单次进货金额。一般来说，不超过200～350元，单次进货瓶数通常陈列在货架上，至少要有2瓶及以上的产品陈列。

（3）中低档酒的瓶数则需要控制在一个单品至少3～4瓶。

3. 第三阶段：全部赊销方式

应用前提：当前两个阶段的铺货都进行后，仍发现效果较差，未达到我们预期的铺货目标时，可采用全部赊销的方式。但需要注意的是：控制单店单次进货品种及数量。一般单店单次进货品种不超过3个以上，数量不超过3件。

4. 第四阶段：免费送陈列

应用前提：前三个阶段方式仍未达到预期效果；部分需要重点攻克的重要店面。

操作方式：可在该店投放2～3个品种。各种酒投放比例：主打产品 2 ~4 瓶，次主销产品每样 1 瓶。

要求所有免费酒的陈列做到：该店货架的黄金陈列位置、主打产品的陈列面至少 2 个面，次主销产品的陈列面每品种至少 1 个面，陈列时间一般最少需要 3 个月。

第二节　铺货流程

1. 铺货原则

（1）聚焦产品。在初次进行新品铺货的时候，铺货品种不超过 3 个库存保有单位（SKU）。

（2）聚焦铺货区域。在一个市场里，根据铺货终端的分布数量及分布地点，划分不同阶段的不同铺货区域。

（3）聚焦目标终端。主要铺货资源集中在目标终端。

2. 铺货对象/目标原则：确定铺货终端类型，设定铺货目标

（1）确定铺货终端类型：根据前期市场调研中确定的主攻渠道从而确定铺货终端类型。例如，从前期市场调研中，明确了该市场在新品进入初期以 C 类酒店和名烟名酒店为主攻渠道，则明确要求初期进行铺货的终端类型为 C 类酒店终端和名烟名酒店。

（2）铺货目标设定：

铺货目标设定，如表 3 –1 所示。

表 3 –1　铺货目标设定

阶段	目标铺市率
产品进入市场的第一年	60% 以上
产品进入市场的第二年	80% 以上
产品进入市场的第三年	要求贴近主竞品的铺市率

另：如果在以 B、C 类酒店终端为首先启动的市场中，则要求为一个县城市场的 B、C 类酒店覆盖至少 40 家，地级市场目标酒店不少于 100 家，省会级城市目标酒店不少于 200 家。

3. 终端铺市流程

终端铺市流程，如图3－1所示。

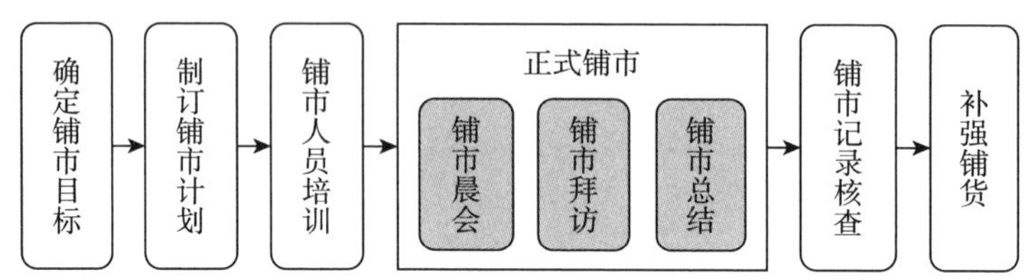

图3－1　终端铺市流程

（1）确定铺市目标

覆盖率目标，根据产品阶段性覆盖率要求和终端SKU陈列标准，制订本次铺市要达到的各类终端覆盖率目标。

（2）制订铺市计划

产品价格与铺市政策，根据产品价格标准和推广计划，制定各类终端的铺市价格和促销政策。

根据实际情况，对参与铺市的人员进行分组、分区、指定小组长、制订每组每天拜访线路。

（3）铺市人员培训

产品知识、产品价格与铺市政策；产品生动化要求。

铺市路线与网络图谱讲解；促销活动话术，本次促销活动的统一说辞。

可能的异议及处理技巧，模拟演练；政策的弹性和业务代表职权可掌控的范围。

小组协作配合的事项；准备工作，表单、产品、样品、礼品、价格标签、生动化物料。

（4）正式铺市

①铺市晨会

□ 前日铺市成果通报，问题通报；传达当日铺货的总目标，各组线路与各组/各人目标。

□ 检查当日铺市准备工作，表单、产品、样品、礼品、价格标签、生动化物料；简单的培训和鼓励。

②铺市拜访

□ 按规定线路拜访或者沿规定街区扫街拜访；填写《客户拜访记录卡》。

□ 组长掌控拜访进度、确认成交；人员分工协作，话术标准。

③铺市总结

铺市总结如表3－2所示：

表3－2　铺市总结表

分类	具体内容
销量达成	总销量、目标产品销量
市场覆盖率达成	市场总体覆盖率达成；目标产品覆盖率达成；活跃客户数提升；单店多产品覆盖率达成
生动化达成	店外POP形象曝光点数量；店内POP形象曝光点数量；店内主货架我司产品集中陈列于第一位置；店内主货架整体感官（含竞争品牌）
市场反馈	更多机会点；竞品动态；客户意见
其他	了解铺货工作中存在的问题和困难点，集思广益，找出解决方法

（5）铺市记录核查

为了保证铺市真实、有效，厂家经理依据业务人员填写的《铺市记录表》对已完成区域加以核查（电话抽查10%，实地抽查5%），在完成铺市后业务代表跨区域抽查。抽查终端点不小于总数10%。

（6）补强铺货

□ 补强铺市，对未达成进货的钉子户、铺市遗漏的客户进行统计，调整策略后进行第二轮补强铺市。

□ 定点拜访，业务经理协同业务代表对前两轮拜访均未进货的目标终端进行定点拜访，消灭盲点。

第三节　铺货的具体方法

1. 铺货前进行铺货区域的划分，结合铺货的终端数量进行划分

划分形式有以下几种：

（1）按地理位置划分（城区、乡镇）。如城东、城南、城西、城北。

（2）按该市场的行政区域划分。如桥西区、桥东区等。

（3）按渠道类型和地理位置划分。如A类酒店和大卖场由专人负责，其他终端按地理位置划分。

注：如果按渠道划分，则需要考虑铺货的路程时间。

2. 铺货人员组织

业务经理负责跟进经销商进行铺货队伍的建立，根据铺货终端数量及区域进行相应人员的组织。

（1）2人小组（或单人小组）型

主要指每组铺货人员只有1～2人，负责从介绍到收款再到发放赠品，张贴POP、报表填写等所有和铺货相关的工作。

□ 优点：可同时派出较多铺货组别进行更广范围内的终端铺货。

□ 缺点：单打独斗。成功率更多依赖个人能力。

应用前提：常规新产品铺货或旧品铺货补强，当地的业务人力资源有限。

（2）铺货突击队，跟车铺货

每组铺货人员由4人组成，各司其职（A. 负责客户谈判。B. 铺市表格填写，回收货款。C. POP张贴，货架整理，产品清洁，货物搬运。D. 货物，车辆安全，司机）。

□ 优点：协同作战，成功率较高。

□ 缺点：对人员数量要求较多。

应用前提：市场整合性开发，通常配合产品上市同期发布线上广告，新产品需要快速达到较高铺货率。

3. 铺货方法

原则：所有铺货方式的设定必须基于产品价差、公司给予的产品投入比例、费用总额进行衡量。

（1）基本方式

①同品搭赠。例如，进一件送1～2瓶相同产品。适合价格相对较低的产品。

②本品非同品搭赠。例如，进一件A产品送一瓶B产品。适合丰富产品线、成熟产品带新品上市、价格相对较高的产品铺货。

③异质赠品搭赠。例如，进一件A产品送1个其他非白酒类的赠品，如打火机、纯净水、食用油、电器等。

④铺货送陈列奖励。例如，进一件A产品送其他B对应产品各若干瓶，要求店家提供足够好的店面陈列位置和一定的陈列时间（如2个月、3个月等），并签订陈列协议。

（2）特殊方式——针对“钉子户”的铺货方法

①针对现饮终端钉子户

方式一：在上午11点前或晚上6点前组织3～4人到该店门前进行资料发放、品尝酒赠送，持续一段时间，效果一定较好。

方式二：在现饮终端的停车场进行资料发放、品尝酒的赠送。

②针对非现饮终端钉子户

方式一：可组织一人到该店购买一条香烟、一袋牛奶、一瓶可乐等，同时购买两瓶（或四瓶）我公司A产品酒，由于该店没有A酒但店主不愿放弃此买卖，往往会马上进货。当然，此前要有业务人员到此店多次推销A酒并贴上“A酒联系卡”，这样店方才会知道进货电话。

方式二：可组织不同人员不定期上门询问并要求购买A酒，造成产品受欢迎的气氛。

第四章

新品上市：零售和卖场动销

因为终端是消费者决定购买的最后一个环节，是获利的最终实现，前期运作好，终端可以引导消费、提升品牌形象、提高产品流速，为新品牌争取更好、更多的生存空间和资源。随着白酒行业竞争的加剧，终端动销成为酒业所在市场销量的核心命脉，因此，解决产品的终端动销问题，是提高销量的重中之重。

第一节　零售网点动销：针对渠道成员

针对零售网点中渠道成员的动销方式。

1. 铺货奖励

（1）内容

为促使零售网点进货而给予的额外好处。

（2）目的

迅速提升产品铺货率，并提高零售网点的推荐率。

（3）应用前提

□ 产品知名度较低，零售店对产品动销存在很大疑虑，不愿意进货。

□ 产品利润率相对竞品较低，但价格已难以调整，零售店老板无积极性，不愿意进货。

□ 同价位竞品同期铺市，为抢占先发优势，占领柜台和零售网点资金。

（4）操作步骤

□ 铺货方式优先顺序为：现金铺货—半赊销—赊销—赠送，尽可能让店主现金进货，这样对其才能有动销的压力。

□ 每一品种原则上要求以一件进行铺货，最低不得少于两瓶，保证主导产品上架陈列，根据零售店接受程度确定辅助产品的品种与数量。

□ 保持对同一类型售点铺市奖励政策统一，避免由于不公平性，引起零售网点的反感。

□ 随同铺货同时展开，奖励当即兑现。

（5）注意事项

□ 实物奖励，提供可变现的奖励或者日常生活用品等成熟产品为宜，如地方强势香烟品牌、食用油、矿泉水等。

□ 设定实物奖励上限。

□ 业务代表必须如实填写《铺货作业登记表》，销售主管第二天抽查，严惩违规者。

2. 免费品尝酒

（1）内容

提供去除外包装并贴有“品尝酒”字样的产品给零售店主和消费者品尝，适用于中档及中低档酒，中高端酒慎用。

（2）应用前提

□ 新品入市，知名度较低，零售店主对新产品酒有较大疑虑，免费品尝可降低铺市难度，减少店主对消费者的推荐障碍。

□ 酒质和该地区同类竞品做过测试，有明显的差异。

（3）操作步骤

□ 选择处于重点路口，以及餐饮集中区域的零售网点作为活动对象，最好集中操作一条街或者一个区域。

□ 一定要求店主将“品尝酒”置于柜台的显著位置，最好张贴相关“品尝告知”、附品尝意见卡。

□ 可根据该店新产品的销售情况，以空瓶品尝酒换品尝酒，以提高店主的推荐积极性。

（4）注意事项

□ 根据零售网点的销售情况，确定品尝酒是为消费者所品耗，还是为店主所自饮。如果在一段时期后，该店的销售情况始终无法增长，则很可能为店主自饮，业务代表则应适当调整品尝酒的提供数量，可采取“告知活动日期已截止”或者“每月提供的品尝酒限量”的方式进行限制。

3. 零售网点陈列奖励

（1）内容

和零售网点签订陈列协议，要求店主按照公司规定的标准进行陈列，如合格则给予实物奖励。

（2）目的

进一步降低铺货难度且促进在陈列期内店主积极进货，保证铺货率不下降，同时增加零售店陈列效果。

（3）应用前提

□ 产品在广告或利润上无明显优势，铺货有一定难度。

□ 铺货率随着铺货奖励活动的截止有明显波动，零售店店主二次进货意愿低。

□ 竞品设置陈列奖励。

（4）操作步骤

□ 优先选择处在交通要道（十字路口）、餐饮集中区域、旺销酒店附近的街批店、零售店及名烟名酒店。

□ 参与奖励的零售网点数量不得低于城市同类售点总量的20%，如某城市流通店数量为500家，则选择的售点数量不得低于100家。

□ 可集中操作，保证同一街道全部覆盖（避免引起店主抵触），同时做成样板街。

□ 首次活动期需三个月以上，根据市场情况调整后续的奖励额度和时间。

□ 陈列奖励：每月奖励陈列的主导产品2瓶~2件，根据主竞品的操作额度可做调整。

□ 业务代表必须和店主签订陈列协议，并根据陈列实施情况，填写《奖励发放记录》，主管及督察要定期抽查，一经发现作弊，必须严惩。

（5）注意事项

□ 陈列一般为长期激励性质，活动时间要根据主竞品及相关费用的情况进行综合考虑，最低不得少于三个月。

4. 售点箱皮回收

（1）内容

通过一定的现金价格回收零售店手中新品的箱皮，达到提高零售网点店主积极性的效果，从而进一步提升产品的推荐率。

（2）目的

调整利润空间，提升铺货率，增加产品的渠道推力。

（3）应用前提

□ 产品利润不合理，但是因各种原因价格体系很难再调整，零售网点严重缺乏推荐积极性。

□ 地区总经销直供终端，有较强的配送能力和人力支持。

（4）操作步骤

□ 时间一般控制在 3 ~6 个月。

□ 优先选择处在交通要道（十字路口）、餐饮集中区域和旺销酒店附近的街批店、零售店及名烟名酒店。

□ 根据零售店总量、新品上市铺货率要求、铺货率达成状况，以及单店平均月销量，设定此次活动的总体规模。原则上不得低于城市总零售网点数量的 20% 。

□ 根据自身预算费用额度和对于竞品的利润状况，调整回收箱皮的现金额度，调整后对零售网点的利润应明显高于竞品。

□ 厂家箱皮应有独特的难以去除的标记，以免鱼目混珠，造成不必要的损失。

5. 零售网点随箱刮刮卡（开箱奖）

（1）内容

在产品包装箱内侧贴刮刮卡，零售店进货后剪下刮刮卡，以刮卡中奖的方式来促进零售店开箱销货的促销方法。

（2）目的

在于设计不同档次的实物奖品或者现金奖励，特别是通过大奖来吸引零售店进货销售，从而实现增加推力。

（3）应用前提

新品上市后，铺货率已达要求，但利润对零售店无吸引力，店主销售积极性不高，动销不畅。同时，铺货率有一定幅度的波动。在此背景下，开展随箱赠刮刮卡，可提升零售店提货积极性，增加销售热情，加快新品销货，增强零售通路销售推力，巩固零售店铺货率。

（4）操作步骤

□ 活动时间一般为 6 ~ 12 个月。

□ 根据费用额度设计奖品中奖率和奖卡数量，大奖要足够有吸引力，如某大件电器或者名胜区旅游，又或者直接现金大奖；小奖要足够多，如 5 元、10 元现金刮刮卡或者其他等价值的实物奖励等。

□ 分阶段集中投放，逐步降低中奖率。

□ 对所有网点加强告知，说明活动的时间和方式，最重要的是各对象的利益。

□ 对于采取终端直供方式的区域，统一至总经销处兑换奖品或者现金奖励。

（5）注意事项

□ 对于利用分销方式进行销售的区域要注意避免奖卡为批发商所截留。对于后者要在箱皮上张贴活动告知即时贴，每箱张贴两张，告知零售店不提破损及拆开的产品，以杜绝批发商拆箱取卡。

□ 活动中必须考虑如何调动二批商的积极性，可适当赠送一些小礼品，或根据销售情况和活动配合情况进行评比，设置二批商的销售奖励，如一等奖几名、现金多少元等，二等奖几名、现金多少元，以充分刺激其做好奖品兑换工作。

第二节　零售网点动销：针对消费者

1. 刮刮卡一

（1）内容

直接将刮刮卡贴在新产品的盒子内侧，消费者通过购买产品获得奖卡及相应的奖项，从而刺激消费者购买。

（2）应用目的

提升消费者首次购买率和重复购买率；动销，增加渠道成员信心；阻击竞品。

（3）奖卡设置

□ 现金奖励：根据产品档次分别设置 3 元、5 元、10 元、20 元、50 元等的现金奖励。

□ 本品奖励：如“再来一瓶”兑换本品一瓶、集齐四个“集盖有奖”兑换本品一瓶。

□ 实物奖励：如香烟、饮料、电器等，分别设置不同奖项，如一等奖奖励价值 5000 元笔记本电脑一台，二等奖奖励价值 2000 元数码相机一部，等等。

□ 综合奖励：结合现金、本品及实物设置奖项。

□ 谢谢品尝奖卡：不参与中奖，主要用于降低中奖比例。

（4）操作步骤

□ 确定活动时间和参与产品，一般不要超过 6 个月，时间最多为 1 年，否则消费者的惊喜度会迅速降低，造成对品牌及价格的负面认知。

□ 确定活动开展的渠道，如是否仅针对流通渠道还是全渠道运作。

□ 兑奖截止日期一般为活动截止日期后 1～2 个月为宜，不得延长。

□ 根据区域市场同一时段的历史记录或者竞品情况预估活动期产品的销量，设定费用投入预算，确定各奖项的中奖概率，保证最低奖中奖概率不得低于30%，最大奖对目标消费人群有足够的吸引力，并根据预算情况调节中间奖项的中奖率。总的原则是“大奖足够大”“小奖足够多”。

□ 可分阶段考虑中奖概率，活动开始初期最高，以提升消费者的购买兴趣，然后逐步降低。

□ 确定兑奖方式，小奖应利用售点网络就近兑付奖项，大奖的兑付应统一至总经销处进行。

□ 应考虑各种线上线下手段进行活动告知，确保参与活动的各零售网点及酒店终端均了解活动规则、期限等内容，尽可能在重点终端悬挂横幅、张贴海报并配发DM单。

□ 刮刮卡的投放可通过在酒盒顶部内侧贴上带不干胶的奖卡进行，并在酒盒外部正面利用不干胶贴上活动告知、中奖说明，以吸引消费者的注意力，如鲜明的“内有奖卡”的活动内容告知。同时，避免由于奖卡投放不当造成奖项为批发商、零售网点所截留。

□ 对于参加活动的终端网点特别是零售网点，考虑到该活动的消费者告知，以及执行都必须借助他们的力量，必须制定一定的奖励政策以增加其参与活动的积极性。对于兑奖网点，可制定每回收一张奖卡1元或5元的现金奖励或者积分奖励，如根据回收奖卡的数量积分奖励其洗衣粉、香烟、牙膏等不同价值的商品。

（5）注意事项

□ 主要应用于中档及中低档产品。

□ 必须确保参与活动的渠道都能了解活动的规则及他们参与活动的好处。

□ 必须确保所有传播资源都能切实有效地进行消费者告知。

□ 必须确保活动的执行有严格的考核机制，将执行情况和业务代表的业绩挂钩。

□ 活动开展前，应针对经销商及业务人员进行统一培训，并明确考核方式。

□ 活动开展后，对于中奖情况（大奖的中奖应通过安排赠送仪式、微信平台软文等方式）及时告知，以增加市场的热度。

□ 确保活动奖卡的防伪性，避免不必要的冲突。

2. 刮刮卡二

（1）内容

集卡促销，在单个奖卡有奖的基础上，消费者通过集齐奖卡而获得大奖。

（2）目的

提升消费者重复购买率；加深消费者品牌认知。

（3）应用前提

在成熟市场或者产品已初步为消费者所认可的区域市场；白酒消费旺季。

（4）奖卡设置

同刮刮卡一。

（5）操作步骤

同刮刮卡一。

（6）注意事项

□ 集卡促销的主题应和主导产品品牌相挂钩，如和主导产品名称相联系，或者和企业品牌诉求相联系，以加深消费者对品牌的认知。

□ 无论集卡还是集盖促销，都必须考虑制定对零售网点的激励政策，确保其积极性，具体方法可参考刮刮卡一的方式。

3. 实物赠送（内包装）

（1）内容

在新产品盒内放置实物以刺激消费者购买的方式（适用各渠道），在购买新产品的同时获得外部赠品（适用于安排有促销员的餐饮终端及大卖场）。

（2）目的

提升消费者首次购买率和重复购买率；动销，增加渠道成员信心；阻击竞品。

（3）实物选择

实物礼品（内包装），如中高档产品可选择精美烟灰缸、打火机、瑞士军刀等；外币促销（内包装），一般选择美元、港币，适用于中档产品；实物赠送（外包装），食用油、香烟、红酒等有价值的产品。

（4）操作步骤

确定产品、活动期限（一般控制在3～6个月以内）、应用渠道；活动告知，以线下为主，线上为辅。如宣传海报、KT板、墙体、电台、微信平台软文等。

4. 消费赠酒

（1）内容

凡在某店一次性购买新产品××瓶的消费者，均将获赠新产品购酒券一张，价值××元。

(2 操作步骤

□ 选择参与活动的产品，可分渠道设计不同的产品。

□ 确定参与活动的网点数量，以核心网点为主（良好的地理位置、酒水销量大的终端）。

□ 考虑活动的时机，以旺季末展开为宜，将兑奖时间覆盖至淡季，从而抢占淡季销量。

□ 根据管控能力，最好分渠道开展活动。

□ 对参与活动的零售店必须根据产品的利润情况，制定奖励政策，以调动其积极性。例如，每回收一酒券，则补偿几元或者进行积分奖励。

第三节　商超卖场动销

商超卖场动销，主要是针对商超卖场的消费者进行。

1. 换购法

（1）内容

在指定商超内针对消费者，买满××元加××元可获得××酒1瓶。例如，在该店内购买任意商品金额达100元，可凭收银小票到服务台加8元获得××产品1瓶。

（2）应用前提

通常是在新品上市期，需要提高产品知名度和促使消费者做首次尝试而采用的方式。比较适用于中低档酒。

（3）注意要点

□ 换购金额不宜定得过高。一般来说，不超过10元（特别是新品在当地还不具备知名度的市场，如果新品在当地已经属于领导品牌，可适度提高一些换购金额）。

□ 要执行门店张贴促销信息海报；注意数量控制，通常适用限量法。

2. 现金奖励

（1）内容

在大卖场，购买不同品种的新品酒，凭收银小票返不同额度的现金。

（2）适用范围

除对普通顾客有吸引力外，对企事业单位的采购人员同样具有吸引力。适用于中档及中低档酒。

（3）操作步骤

确定执行商超数量；确定执行品种；制定各产品的返现额度；明确活动时间。

（4）发放要点

通过商超内的新品导购员进行发放；通过商超的服务台统一发放。

（5）陈列要求

□ 促销产品位置佳，处在货架陈列的黄金位置；要求同期配合端架陈列或地堆陈列。

□ 排面数要优于主要竞品；要求特殊价签以做醒目标识（如爆炸价签或超市内部提供的特殊价签）。

3. 实物奖

（1）内容

如在大卖场购买新品酒赠送香烟等。

（2）步骤

确定促销内容。例如，凡购××产品1瓶者，赠××香烟一包；确定促销地点；确定促销时间。

（3）执行要点

□ 卖场或商超内配合促销信息宣传，可利用卖场内部的自制POP来进行活动内容告知。

□ 现场促销人员或者卖场代发人员一定要明确贴出自制POP告知“赠品有限，送完即止”，以防止不必要的消费者投诉。

□ 赠品选择建议以当地消费者熟悉的一些厂牌和知名品牌的产品为主，质量要有保证。

4. 特价促销

（1）内容

通常在节假日前的档期安排新品的相应产品进行特价促销，如新品××酒原价30元，现特价20元。

（2）适用范围

通常是中低档酒。

（3）操作步骤

内部确定促销方案；和卖场（商超）采购确认方案；确定特价档期及特殊陈列配合及 DM；按计划的数量备足产品；活动期价格检查是否到位。

（4）执行要点

□ 向卖场采购争取免费的地堆陈列。

□ 争取扩大特价产品的陈列面。

□ 调整特价产品到最佳陈列位置。

□ 事先要提供采购特价产品的实物，以方便 DM 制作。

□ 事先备货要充分，特价期不能断货，否则面临卖场罚款的风险。

□ 优先给予执行卖场（商超）产品配送。

另：为防止因为销量突然猛增而导致缺货，可以在制订计划的时候，声明该特价产品在该店限量多少组。

不同的企业，不同的竞争环境，不同的市场，不同的产品，不同时期的操作手法和策略是不一样的，所以请读者要学规律、找感觉、把节奏。

第四节 四大法宝让新品动销不再难

新品白酒上市以后，大多数酒企面临的最大难题不是铺市，也不是新品的广宣问题，而是如何让消费者产生购买欲望，使新品在市场上快速产生动销，这才是关键难题。现在白酒新品无论是大品牌还是新品牌，在传统思路上基本都是陈列铺市、打造店内生动化、考虑终端的高利润等，投入大量资源进行狂轰滥炸，几乎成了千篇一律的现象。政策力度主要对终端店刺激，没有考虑到消费者，使消费者没有产生购买欲望，到最后新品市场难动销或不动销的局面就出现了。怎样做好新品市场动销是现阶段各酒企面临的最大难题。针对新品市场难动销的问题，下面笔者从四个方面与大家分享产品动销法宝：

1. 加强品牌推广活动，加深消费者印象

新品市场动销的关键节点是消费者。新品上市前期如何让消费者快速见到产品，在脑海中产生印象，增强消费者的购买欲望是重点、要点。怎样让新品快速地在消费者心中有个良好的印象呢？新品上市后可以在市场上策划多点多面的推广活动，在当地以现场促卖、品鉴活动、品牌路演、联合政企抓社会热点打造品牌传播等方式来加强消费者对新品的印象，消费者对新品的印象越深刻就越有可能产生购买欲望。

品牌推广活动示例，如图4－1所示。

图4－1　品牌推广活动示例

2. 提高消费者奖项，刺激消费机会

销售的最终结果不是移库，更不是回款率所能达到的，归根结底是由消费者购买力的强弱所决定。新品进入终端店后吸引消费者产生购买欲望的动力除了包装、酒质、口感等，产品的促销力度也很重要。同等价位的产品促销力度决定了消费者的购买心理，大多数的消费者都有占小便宜的心理，当新品的促销力度足够大时，消费者产生的购买欲望就越强，提高新品动销的概率就会大大提升。促销示例，如图4－2所示。

图4－2　促销示例

3. 组织消费者回厂游，加强深度感知

回厂游营销模式是新时代下的新思路，各个酒企正在引进和执行当中。实施对象主要以合作商家及核心终端客户为主，目前达成的效果还是可圈可点的，对提升招商工作的帮助非常明显，但对新品的市场动销作用不大。经分析后得出结论：回厂游所针对的人群不同，最后达到的市场效果也不同。为了新品有好的动销机会，而动销的关键又是消费者，那么把参加回厂游的对象换成由客户组织具有消费能力的消费者到酒厂实地参观，可以增加消费者的深度感知，增强全面印象，进一步促使消费者产生购买欲望，如图4－3所示。

图4－3　消费者回厂游示例

4. 重力打造宴席渠道，扩大消费者品鉴范围

宴席对于白酒新品就是最好的品鉴活动，因为宴席中的宾客有（来自不同地域、不同层次的人群）地域范围广、人群层次面全、传播速度快、影响力大等优势特点。酒企在传统宴席上的政策活动力度主要针对宴席主人展开，并未关注过参加宴席的人员，而参加宴席的人员也是消费者中的一个群体，代表着大部分消费者的意愿。如果今后在策划宴席政策时考虑加上此群体的政策，让这部分消费者感到新鲜、刺激和满意，那么新品在消费者中的品牌传播力度会收到更佳的效果，能增强消费者的购买欲望，从而会对新品市场动销起到很好的拉动作用，如图4－4所示。

图4－4　打造宴席渠道示例

总结：新品要想在市场上获得持续性动销，其重点在于消费者，得到消费者青睐的品牌才是新品获得持续动销的保障。

第五章

新品上市：酒店终端的动销

酒店渠道是实现产品与消费者沟通最有效的场所，它不仅是白酒消费潮流的领导者，而且能直接反映区域市场的竞争水平、品牌分布和销量大小的销售终端。与其他渠道不同的是，它是唯一具有产品现场消费的终端。

随着终端零售和自带酒水现象的兴起，酒店渠道的结构和作用也随之发生了变化，造成酒店投入费用日益飙升，终端操作难度越来越大。笔者通过多年的实践总结，认为要实现动销，可以从以下几方面着手。

第一节　酒店终端动销：针对老板和服务人员

1. 针对酒店老板的激励方式

（1）直接返利给予老板直接利益刺激，如购一件赠一瓶。

（2）铺货返利：上市期间只要铺货、陈列，直接给老板奖励实物或现金。

（3）累计销售奖励：一般以月度为期限累计销售额达到一定金额，给予实物或现金。如累计进货达5000元的奖励电视机一台。

（4）摆桌/摆台

□ **内容**：选择核心酒店，在酒店内每桌上摆放新产品，以增加就餐者对产品的认知，并营造出热销的氛围。

□ **操作步骤**：选择核心酒店及与酒店主流白酒消费价位对应的新产品；与店主签订排他性协议，并根据酒店酒水销量确定活动期限，对于非常重点之酒店可长期运作；视费用及竞品情况，对酒店每月给予一定的补偿，一般每月赠送摆桌产品2瓶。

□ **注意事项**：对于重点酒店，要尽可能摸清酒店老板和到酒店消费的常客的背景情况，挖掘其潜在的团购资源。

2. 针对服务人员的激励方式

（1）开瓶费

□ 新市场，开瓶费的设置必须略高于主竞品，否则失去意义，但同时也必须为其他活动预留一定的操作空间，所以必须慎重考虑供应酒店的产品价格体系。

□ 不同的餐饮终端老板对服务人员获取开瓶费的态度是不一样的，有以下四种情形：允许、平均分配、没收、禁止，对此有以下对策。

①**允许**（指店方公开允许服务人员跟业务代表兑换开瓶费）：业务代表可参加现饮终端的晨会，将每种产品的开瓶费明确告诉服务人员。

②**平均分配**（指店方将各个厂家的酒水瓶盖或盒盖收集起来跟各供应商统一兑换，然后再将开瓶费平均分配给服务人员）：将开瓶费设计成两部分，小部分给店方用于服务人员的平均分配，大部分给直接销售新产品的服务人员。

③**没收**（指店方发现服务人员兑换开瓶费，就将其瓶盖或盒盖没收）：物色2～4个优秀服务人员主推新产品酒，对其暗中实施开瓶费。

④**禁止**（指店方完全不准服务人员兑换开瓶费，一旦发现往往将新产品驱逐出场）：物色一名优秀服务人员为“暗促”，对其采取“基本工资+提成”的方式。

为了抢占核心终端，对核心终端销售的新产品可采用超高开瓶费（一店一策），对此核心终端销售的产品要做出相应的记号以示区别。

（2）累计奖励：二次兑奖

①一般采取集盒盖兑换生活用品（礼品）。如：

□ 集够5个瓶盖，兑换四件套床上用品一件。

□ 集够10个瓶盖，兑换××化妆品一套。

□ 集够15个瓶盖，兑换××电器一个。

②一般采取积分兑换生活用品（礼品）。如：

□ 积够1分，兑换牙膏一支。

□ 积够5分，兑换卫生巾一包。

□ 积够20分，兑换化妆品一套。

□ 积够50分，兑换电水壶一个。

□ 积够100分，兑换微波炉一台。

□ 积够200分，兑换洗衣机一台。

□ 技巧一：可将不同的产品进行折算，根据产品的价格不同，设置不同的分数。

□ 技巧二：可制作一些塑封的、签章的、名片大小的分数卡（面值为1分、2分、5分、10分、20分、50分、100分等），以便于服务人员积分兑换礼品。

（3）精神奖励

□ 设置一段时间，如一个月，根据各核心终端服务人员的销售情况，评选各店的销售之星，给予物质奖励，如现金300元或者实物奖励。

□ 在开展促销活动期内，配合消费者促销，在开瓶费基础上开展评选活动，进一步提升终端的推荐力度。

第二节　酒店终端动销：针对消费者

动销四部曲：新产品在各区域的酒店动销是渠道动销的主要方式。针对酒店的动销，通常采取以下四个阶段的方式：

1. 第一阶段：免费品尝

（1）内容：提供去除外包装并贴有“品尝酒”字样的产品给消费者品尝，适用于中档及中低档酒，中高档酒慎用。在产品进入初期，我们集中选择当地旺销B、C类酒店20家，于每周的周五、周六、周日开展新产品免费品尝活动。每桌每人赠送1小杯酒。

（2）应用前提：新品入市，知名度较低，酒店店主对新产品有较大疑虑，免费品尝可降低铺市难度，减少店主对消费者的推荐障碍。酒质和该地区同类竞品做过测试，有明显的差异。

（3）操作步骤

□ 选择处于重点路口及餐饮集中区域的 B、C 类酒店作为活动对象，最好集中操作一条街或者一个区域。

□ 一定要求店主将“品尝酒”置于柜台的显著位置，最好张贴相关“品尝告知”、附品尝意见卡。

□ 可根据该店新产品的销售情况，以空瓶品尝酒换品尝酒，以提高店主的推荐积极性。

（4）注意事项

□ 根据 B、C 类酒店的销售情况，确定品尝酒是为消费者所品耗，还是为店主所自饮。如果在一段时期后，该店的销售情况始终无法增长，则很可能为店主自饮，业务代表则应适当调整品尝酒的提供数量，可采取“告知活动日期已截止”或者“每月提供的品尝酒限量”的方式进行限制。

□ 选择的品尝酒应与该店的主销新产品一致。

□ 最好有促销员在场。

2. 第二阶段：每桌送 1 瓶

（1）内容：凡在 ×× 酒店进餐前 10 桌、男士有 3 名以上的，每桌赠送新产品 1 瓶。

（2）操作步骤

□ 根据酒水销量情况选择核心酒店，以 B 类酒店为主，市区不得少于 20 家，县区不得少于 10 家，可包含农家乐。

□ 赠送的酒档次应与该餐馆的白酒主流消费价位一致，并和酒店签订协议。

□ 确定活动期限，一次活动时间不得超过半个月，以免形成降价认知，但可间隔使用。

□ 一定要找到活动的理由，如开业促销、节日欢庆等，主要以酒店和社会事件为出发点，避免给消费者带来突兀的感觉。

☐ 店内氛围营造：在店门口、楼梯间、吧台等处摆放X展架或易拉宝或水牌、彩色宣传单，并对服务人员及促销人员进行培训。

3. 第三阶段：品招牌菜送酒

（1）内容：消费者凡购买某招牌菜，均将获赠新产品一瓶。

（2）操作步骤

☐ 根据酒水销量情况选择核心酒店，以B类酒店为主，市区不得少于20家，县区不得少于10家，可包含农家乐。

☐ 根据该酒店主流白酒消费价位选择新产品，并和酒店签订协议。

☐ 确定活动期限，一次活动时间不得超过半个月，以免形成降价认知，但可间隔使用。

☐ 一定要找到活动的理由，如推出特色菜肴、开业促销、节日欢庆等，主要以酒店和社会事件为出发点，避免给消费者带来突兀的感觉。

☐ 店内氛围营造：在店门口、楼梯间、吧台等处摆放X展架或易拉宝或水牌、彩色宣传单，并对服务人员及促销人员进行培训。

☐ 注意一桌仅限赠送一瓶酒。

4. 第四阶段：买酒赠特色菜

（1）内容：消费者购买一瓶新产品，则能获得酒店特色菜一份。

（2）操作步骤

☐ 根据酒水销量情况选择核心酒店，以B类酒店为主，市区不得少于20家，县区不得少于10家，可包含农家乐。

☐ 根据该地区B类酒店白酒核心消费价位选择活动参与产品，一般可略高于核心价位。

☐ 确定活动期限和活动内容，一次活动时间不得超过半个月，以免形成降价认知，但可间隔使用。

☐ 必须和酒店签订协议，确保酒店在氛围营造、宣传各方面的配合。

□ 一定要找到活动的理由，如新品上市、为庆祝某节日等，以厂家和社会事件为出发点，避免给消费者带来突兀的感觉。

□ 店内氛围营造：在店门口、楼梯间、吧台等处摆放 X 展架或易拉宝或水牌、彩色宣传单，并对服务人员及促销人员进行培训。

□ 注意一桌仅限赠送一份特色菜。

酒店动销中，除去以上所提的动销 4 部曲，还包含以下具体的一些操作要项。

酒店，作为白酒行业区别于其他快速消费品而特有的渠道，有其特殊的行业属性和重要的市场操作意义。对于自带率较低的区域，核心酒店的启动更是至关重要。酒店的启动主要包含以下启动步骤：

第一步：酒店终端调研；

第二步：确定目标酒店；

第三步：酒店终端陈列；

第四步：酒店终端氛围营造；

第五步：酒店的客情维护。

第三节　酒店其他针对消费者的促销方式

1. 消费菜金满一定额度赠酒

（1）内容：某酒店消费者消费菜品满一定金额将获赠新品中的某产品一瓶，如：值此 5 周年店庆之际，凡在我店消费菜金满 288 元的，每桌赠价值 78 元新品酒一瓶；满 388 元的，赠送价值 128 元新品酒一瓶。又或者：凡在我酒店预订除夕宴，菜金满 288 元的，每桌赠送价值 78 元新品酒一瓶；满 388 元的，赠价值 128 元新品酒一瓶。

（2）操作步骤

□ 根据酒水销量情况选择核心酒店，以 B 类酒店为主，市区不得少于20家，县区不得少于10家，可包含农家乐。

□ 根据该酒店日常每桌平均消费菜金设置本活动的菜金额度，应略高于该酒店每桌的正常消费额，赠送的新品酒档次应与该餐馆的白酒主流消费价位一致，并和酒店签订协议。

□ 确定活动期限，一次活动时间不得超过半个月，以免形成降价认知，但可间隔使用。

□ 一定要找到活动的理由，如开业促销、节日欢庆等，主要以酒店和社会事件为出发点，避免给消费者突兀的感觉。

□ 店内氛围营造：在店门口、楼梯间、吧台等处摆放X展架或易拉宝或水牌、彩色宣传单，并对服务人员及促销人员进行培训。

2. 一元钱喝新品酒

主要应用在配合酒店开业的活动，注意同一桌仅限购一瓶新品酒、第二瓶起按原价购买，时间仅限开业期间或根据实际促销情况调整时间。

3. 餐后赠送小包装酒

（1）内容：主要针对中高档新品战略性产品，为鼓励消费者尝试了解新品的产品品质，在酒店开展免费品尝，并为后续团购收集客户信息。

（2）操作步骤

□ 尽量选择有促销员的酒店开展。

□ 和赠送菜肴配合展开，餐前留下主宾和所请客人的联系方式，赠菜肴，餐后赠送小包装产品，请其品鉴。

□ 循环开展活动，一次选择10家进行，一个周期控制在半个月以内。

□ 店内氛围营造：在店门口、楼梯间、吧台等位置摆放X展架或易拉宝或水牌、彩色宣传单，并对服务人员及促销人员进行培训。

4. 免费赠酒

（1）内容：为了消除消费者对新品酒口感的疑虑，免费赠送某产品给消费者。

（2）操作形式

□ 对于一桌有 3 人以上的，赠送新品酒 1 瓶。

□ 在酒店停车场，组织人员派发小瓶酒或 500ml 非卖品（配合宣传资料）。

□ 在洗车场对本地牌照的小轿车派发小酒、纸抽（当然可以与洗车场联合促销）。

5. 实物赠送（非内包装）

同前，关键点在实物的赠送，讲究礼品的差异性和价值感，如彩票、儿童玩具、书籍等。

6. 抽奖活动

（1）内容

第一阶段：在酒店，不管是否消费新品酒，每桌可派 1 人参与抽奖，每桌限 1 次机会。

第二阶段：在酒店，凡消费新品酒的消费者，每桌可派 1 人参与抽奖，每桌限 1 次机会。

（2）操作步骤

□ 选择核心酒店及与酒店主流白酒消费价位对应的新品产品，最好安排有促销人员。

□ 和酒店签订协议，根据该店酒水的销售情况确定活动的时间。

□ 新品入市，为让更多的消费者了解新品产品，选择让所有消费者参与活动，随着逐步动销，再调整为只有消费新品产品的消费者才能参与抽奖。

□ 奖品可设置为二两装小酒、半斤装品鉴酒、一斤装品鉴酒，以及扑克牌、打火机等促销礼品，尽量多投放新品酒，要求中奖率达 100%。

□ 抽奖活动可和摆桌、实物赠送、免费品尝等活动综合运用。

□ 必须注意活动的告知充分，在店门口、楼梯间、吧台等位置摆放 X 展架或易拉宝或水牌、彩色宣传单，并对服务人员及促销人员进行培训。

第六章

光瓶酒营销升级的奥秘

近年来，在消费升级和白酒产业深度调整的宏观背景下，白酒企业开始重点发力中低档、低档大众市场已是不争的事实。同时，随着时代的变迁，新一代白酒消费群体70后、80后的崛起，光瓶酒领域的产品升级、价格升级、品牌升级等现象开始显现。那么，在这种时代的变迁下，低端光瓶酒如何才能面对挑战，适应新的消费潮流，在目前的竞争格局中赢得一席之地，是众多光瓶酒企业需要重新思考的课题。下面笔者将从营销的角度分析光瓶酒升级创新的机会点。

第一节　光瓶酒竞争格局变化

1. “一超多强”的竞争格局已经形成

从市场竞争的角度来说，光瓶酒的市场竞争激烈程度不亚于盒装白酒。由于光瓶酒的竞争主要依靠价格竞争完成，产品进入的门槛和竞争壁垒相对较低，所以市场上存在很多光瓶酒，竞争因此也非常惨烈。但随着××村长品牌近年来在全国市场的高速发展、二锅头品类的重塑崛起及泸州老窖二曲价格带的不断升级，目前来看，光瓶酒“一超多强”的竞争格局已经形成。

（1）“一超”：××村长品牌，其凭借多年的市场基础和对全国市场的深度布局，实现了年度销售额突破60亿元，被行业誉为光瓶酒中的“茅台”，位居光瓶酒第一品牌。

（2）“多强”：以龙江家园、红星、牛二、一担粮、泸州老窖二曲等为代表，均实现销售额突破10亿元。而牛二凭借其独特的口感及二锅头品类重塑实现单品突破2000万箱，销售额达到近20亿元，位居行业老二。

行业龙头已经形成，而且行业龙头和老二之间的差距很大，这也就意味着行业龙头的地位基本稳定。

2. 四个阵营泾渭分明

黑格咨询研究认为，目前光瓶酒大体可划分为以下四个阵营。

（1）第一阵营是近些年崛起的东北酒，以××村长、龙江家园、小村外为代表，这些品牌专注光瓶酒市场，有志于光瓶酒品牌全国化运营。其中，××村长品牌势头不减，龙江家园迷茫不前，小村外则奔往东北光瓶酒三强。

（2）第二阵营是北京二锅头酒，代表品牌有牛栏山、红星、一担粮。其中，牛栏山被誉为光瓶酒超级单品，红星则紧追不休，而后起之秀一担粮凭借其独特的创新在短短 3 年时间实现了 10 亿元的销售额，位居二锅头第三品牌。

（3）第三阵营是传统老牌名酒的光瓶酒，具有全国化品牌影响力与美誉度。比如，泸州老窖二曲、绵竹大曲、尖庄、沱牌等，依托传统全国化名酒品牌优势，拥有固定的消费群体，其中泸州老窖二曲全国布局势头凶猛，近些年销售额在 15 亿元左右，绵竹大曲表现平平，沱牌、尖庄则势头不再。

（4）第四阵营是地方光瓶酒品牌，操作较好的有河南宋河酒业的鹿邑大曲、河北沧州的三井小刀、辽宁沈阳的老龙口、吉林长春的榆树大曲等，在所在区域内均有强势表现。另外，大批的地方名酒品牌忽视了光瓶酒的市场，都是随带平稳操作，乏善可陈。

从龙江家园的迷茫不前到××村长品牌的强势崛起，从牛二的单品突破到一担粮的创新营销，从沱牌的势头不再到泸州老窖二曲的高速发展等，都体现出光瓶酒的竞争已经进入了白热化阶段。但在整个阵营中，新势力一担粮的成功值得我们学习和思考，其凭借价格升级、产品包装的创新升级、产品品质的创新升级、品牌诉求的创新升级，从而迅速攫取市场份额，表现出较好的上升势头。

第二节　光瓶酒营销升级的机会

1. 产品升级带来的机会

（1）产品品质创新升级

光瓶酒生产企业应该把握消费者的心理，理性的消费者希望喝好酒。消费者对一瓶好酒的饮后体验定义十分简单直白（不上头、不口渴、不头痛、入口柔顺的酒就是好酒），而定义的背后是低醉酒度的需求，也是绵柔、淡雅、口感舒适的需求。所以，洋河推出绵柔、古井推出淡雅都获得了空前的成功，这都足以说明“低醉酒度和饮用舒适性口感会成为未来消费的主流趋势”。

只是今天包括很多名酒厂商还在坚守自己的度数法则、产品法则，不肯适应普通消费者的简单需求。在光瓶酒领域中，牛栏山陈酿率先突破了传统白酒的酒体风格，其酒体的创新符合普通消费者饮酒体验的基本诉求。于是，一担粮二锅头新生品牌实现了 3 年 10 亿元的传奇性成长。其实万法归一，一担粮也同样是在酒体上进行了创新，其主导产品改变了二锅头一贯高度的风格特征，推出了 38 度和 42 度两款低度产品，在具有二锅头清香口感的同时，解决了消费者普遍认为二锅头浓烈、难咽的口感问题。所以，低醉酒度白酒会成为未来酒类消费的主流消费趋势，消费需求决定消费趋势。

（2）产品包装创新升级

早年的光瓶酒绝大多数包装粗糙，有的甚至是回收瓶，盖子漏酒、酒瓶瓶体不透亮、有杂质、酒质低劣，给人直观感受是低档。而近年的光瓶酒，在瓶子的运用上，有水晶瓶、高白料瓶、磨砂瓶、瓷瓶、仿瓷瓶、带颜色的透明瓶等。在酒盖上，有三层防伪和一次性防伪、撬断式防伪、电话防伪，材质上有铝盖、塑料盖、铝塑包盖等，让人倍感安全和时尚漂亮。在商标上烫金、印金、烤花。在酒箱上采用彩箱、牛皮纸箱、金卡外箱。这些包装上的提升都在逐步改变消费者低档酒的联想，加速了光瓶酒的产品包装升级。

下面以红星二锅头、一担粮二锅头为例，看看它们是如何在包装升级中找到机会的。

消费者对二锅头的已知印象是绿色红标裸瓶酒（红星大小二产品），因此，许多品牌的二锅头是以红星最初的瓶型和颜色为模本。红星作为二锅头行业的引领者，面对社会经济的发展、人民生活水平的进步、白酒消费的变化，不断思考总结，重新塑造了红星蓝瓶二锅头，成为新一代二锅头品类的流行风向标。蓝瓶系列在设计上改变了传统二锅头绿色瓶体模式，使用蓝色玻璃，瓶身透亮高档，仿佛蓝色的海洋，时尚现代，强烈冲击消费者固有的感官认知。同时，烤漆瓶标工艺凸显品质感，给人以制作精良的感觉。一担粮为了再次颠覆二锅头的产品形象，尝试在瓶身的颜色上进一步创新升级，选择了深褐色（俗称酱油瓶），颜色的冲击力可以迅速吸引消费者的眼球。另外，在瓶型和瓶标上也下了足够的功夫。一担粮二锅头采用最为简单的瓶型，简单大方而又不失时尚美感，既继承了传统白酒的大体瓶子流线造型，又改用中国白酒很少用的斜飘带的贴标方式，给消费者以新奇、时尚的第一印象，如图 6－1 所示。总之，产品包装的创新与升级也离不开新一代消费群体的消费需求。

图 6－1　“红星二锅头”和“一担粮二锅头”包装升级

2. 价格升级带来的机会

近年来，随着消费升级和居民收入的增加，光瓶酒产品价格带的宽度正在无限延伸。价格带的上移已经持续多年，从十几年前 3 元左右上升到 5 元，只是一个开始的序幕。2008 年前后，很多企业在 10 元价格带取得了突破，地方性企业如河北宁晋的泥坑，东北酒如龙江家园的珍品高粱酒。其实最初，龙江家园将 5～10 元的升级定义为一个长期而艰巨的过程，可龙江家园只用了两三年的时间证明，10 元价位已完全被消费者接受。很多企业更是在 15～20 元之间的价格发力，如牛栏山和一担粮。牛栏山陈酿打破了 10 元零售界限，将光瓶酒价格从 10 元拉升至 15 元左右。尽管一担粮因产品创新而备受关注，但在 18～20 元价格的升级中并未成功。那么，下一阶段的光瓶酒价位机会是 20 元，还是更高价位？

从消费需求升级来看，30 元以下低端盒装酒将会随着消费升级逐步萎缩，20 元价格带的盒装酒会尤为明显。这样就会形成庞大的消费群转换，同时也给予光瓶酒价格升级的机会。很明显，20 元的价位仍需进一步培育。黑格咨询研究认为，未来 2～3 年光瓶酒 20 元价格带将慢慢进入成熟的核心价位，而从 20 元升级到 30 元价格带，仍需要一个漫长的培育过程。

3. 品牌升级带来的机会

黑格咨询研究认为，光瓶酒品牌要加强对新一代消费者的引导，注重品牌价值的个性创新和升级。在品牌营销上，无论是品牌诉求、品牌定位，还是品牌形象与传播方面都应体现出时尚化、个性化、自由化的消费主张。白酒文化虽然悠久，但不是每个酒都可以诉求“历史与古文化”的，尤其与新一代消费者心智并不吻合。所以，酒文化的塑造，关键要结合自身资源与时俱进，从新一代消费群体的动感、青春、时尚等特点来挖掘。因此，光瓶酒在品牌层面必须通过赋予自身个性化的时代消费精神，与新一代消费群体进行沟通。

下面以红星二锅头、一担粮二锅头为例，看看它们是如何在品牌升级中与新一代消费群体沟通的。

红星根据其创新的蓝色瓶身特点，在品牌诉求上提炼了“红星蓝瓶二锅头，超越经典有点柔”的经典广告语。其中，“超越经典”是对传统品质的升级；“有点柔”，符合消费者升级的淡雅、柔和的趋势需求，直接点出了产品的差异和价值所在，既体现了产品属性，又融合了产品口味。消费者接收广告语后，在高度认可的同时还对产品印象深刻，体验感增强。而一担粮品牌诉求做了进一步升级，“一担粮，二锅头，非常北京，绝对温柔”。一方面，诉求了品牌定位的高度“非常北京，不一样的北京味，凸显了地域文化”，让消费者感觉到一担粮的差异化定位，找到品牌的特性；另一方面，在品质层面诉求了其口感绝对柔顺、绝对绵柔，解决了与新一代消费群体在品质层面沟通的问题。同时，一担粮将品牌诉求“一担粮，二锅头，非常北京，绝对温柔”直接植入产品商标上，使其更直观、更有效地与消费者进行直面沟通。

无论是红星蓝瓶还是一担粮，它们在品牌层面都赋予自身个性化的时代消费精神，与新一代消费群体进行了有效沟通，如图 6－2 所示。

图 6－2　“红星蓝瓶二锅头”和“一担粮二锅头”的个性化品牌升级

所谓光瓶酒营销升级陷阱，即产品、品牌、价格升级了，但渠道并未升级，消费者消费不同价位的产品渠道是不同的，例如喝 5 块钱的光瓶酒是在食杂店、便利店或者小酒馆里，喝 20 块钱的光瓶酒可能就会在 C 类酒店、商超及规模相对较大的名烟名酒店购买。

如果在产品、价格、品牌升级后没有及时对产品渠道进行升级，那么产品、价格、品牌的升级就失去了意义，这种情况不仅浪费了企业极大的资源，还将错过光瓶酒升级的最佳时机。

我们相信，企业若能够坚持以上营销升级路径来进行光瓶酒的升级和持续发展，定能使企业占据光瓶酒市场的先机。

第七章

小区域高占有4×4深度动销模型

在白酒的市场攻略中，产品动销是营销中的重要环节。如何设计产品动销方案是一个企业领导、区域市场负责人经常遇到的问题。许多企业老总都想寻找很有新意的促销方式（活动），以期达到惊人的产品动销效应，但实际上，并不是单点促销就能够解决产品深度动销的问题。那么，在这样的背景下，黑格咨询结合多年的实战咨询经验，总结并提炼了“小区域高占有4×4深度动销”工具模型，如图7－1所示，希望能够给行业和企业贡献一分力量。

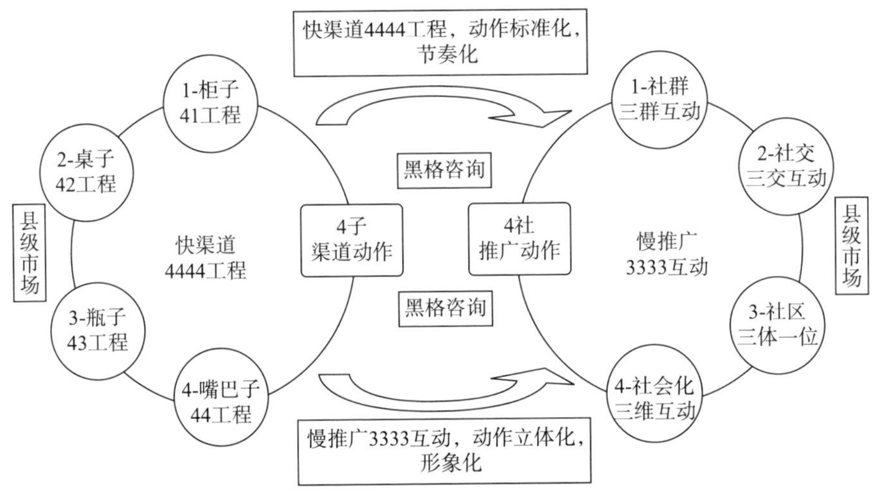

图7－1　小区域高占有4×4深度动销图

第一节　四“子”快渠道4444工程

动作标准化、节奏化。

1. 柜子41工程：基础陈列氛围营造

以县域市场为例，打造县城40个核心店专柜陈列（其中核心烟酒店30家、核心酒店10家）＋100家常规进店陈列，如图7－2所示。

图 7－2　柜子陈列

（1）40 家专柜陈列标准

①**成熟市场**：签订年度包量协议，打造联盟体，进行年度专柜陈列支持，陈列费用为本品、大坛、现金或者其他有议价空间的实物或产品。

②**导入期市场**：根据进货数量签订 3～6 个月专柜陈列协议，支持柜子 1 个。

（2）100 家常规进店陈列标准

①**成熟市场**：陈列 10 个面以上，签订 6 个月陈列累计政策（含常规陈列＋累计奖励）。陈列费用为本品、大坛、现金或者其他有议价空间的实物或者产品。

②**导入期市场**：陈列 6 个面左右，一般进货 3～6 件，陈列 3 个月。

2. 桌子42工程：与消费者面对面沟通，实现随手喝

以县域市场为例，陈列400张桌子（烟酒店吧台100家+30家核心餐饮），每桌摆2~4瓶（烟酒店可摆放品鉴酒）。其中，30家核心餐饮店，每家平均摆10张桌子，合计300张桌子+100个烟酒店的吧台或者烟柜陈列。原则上，餐饮摆放的桌子必须靠墙或者有倚靠的位置，每桌摆放2~4瓶空瓶，如图7-3所示。在执行的过程中可根据店内桌子数量及实际情况进行调整。成熟型市场尽量摆空瓶（摆台时间6个月，陈列奖励本品品鉴酒、矿泉水、饮料等），导入期市场摆成品（资源有限的情况下摆放3个月）。

图7-3　桌子陈列

3. 瓶子43工程：制造热销氛围

以县域市场为例，摆放40家空瓶陈列（20家核心餐饮、20家核心烟酒店），3个摆放地方（窗台、吧台、货架顶部、包厢内、门外、户外等选择三个地方摆放）；成熟市场，直接摆放空瓶，具体费用需要根据市场竞争情况来定（陈列奖励本品品鉴酒、矿泉水、饮料等）。导入期市场一般摆空瓶，活动在产品上市3个月以后，也就是首轮陈列结束后执行，首轮陈列可以做回收空瓶活动，如图7-4所示。

图7-4　瓶子陈列

4. 嘴巴子 44 工程：口感培育，口碑传播

店客互动品鉴会，如图 7－5 所示。以县域市场为例，搞 40 场一桌式店客互动品鉴会，支持 400 瓶品鉴酒（选择 20 家核心烟酒店，每家支持 2 场，每场 10 瓶品鉴酒）。

图 7－5　店客互动品鉴会

店客互动品鉴会的两大核心功能：

（1）打造口碑传播——店客互动品鉴会营销，通过核心终端店老板来邀请市场目标消费者，以目标消费者切身体验为基础，全面展示产品的品质特点和利益点，形成口碑传播，拉动二次消费。

（2）核心终端压货——店客互动品鉴会营销的一个操作要点，是要结合终端铺市政策，在常规铺货政策的基础上增加客商互动品鉴会的支持，通过客商互动品鉴会的支持实现市场核心餐饮终端的压货工作。

第二节　四“社”慢推广3333互动

动作立体化、形象化。

1. 社群三群互动：品牌传播与动销搅动

（1）企业内部组织构建内部社群，内部社群主要分为中高层管理群、市场经理管理群、企业总群，通过微信群进行日常的业务沟通与内部管理。

（2）企业外部构建外部渠道群，如餐饮群、服务员群、烟酒店群等，通过外部渠道群进行日常业务对接与售后服务。

（3）基于C端构建消费者群，通过消费者群进行日常沟通、建立感情、售后服务，从而形成强大的凝聚力。

2. 社交三品互动：情感沟通，客情维护

三品互动，即一对一品鉴会、随手礼品赠送、节假日礼品赠送，如图7－6所示。

图7－6　社交三品互动示例

三品互动的操作四性：

（1）针对性，为何而做？为拿下销量而做。

（2）独有性，区别竞品。你抢陈列，我为交哥们做。

（3）话题性，你家独有。不是所有店都是我哥们，我们投缘。

（4）结果性，特事特办，对症下药。你到底要什么？不达结果“药”不停。

3. 社区三位一体互动

小型路演、游戏互动、露天电影，三位一体社区互动；此动作的核心目的是提高产品知名度与美誉度，传播品牌诉求。与消费者近距离交流，让消费者获得首次体验感，通过互动游戏及促销活动的刺激实现产品现场销售。

（1）小型路演的核心策略：社区活动小分队 + 歌舞演出 + 奖品赠送 + 现场品鉴 + 买赠活动 + 关注微信平台发朋友圈奖励。

（2）游戏互动策略：社区活动小分队 + 品鉴互动 + 红包游戏 + 跳格游戏 + 抽奖游戏 + 开心打洞 + 关注微信平台发朋友圈奖励 + 买赠活动。

（3）露天电影策略：露天电影必须与游戏互动策略同时进行。

4. 社会化传播互动

以事件营销 + 营销 4P 为传播载体，进行“传统媒体 + 本地新媒体 + 行业新媒体”三维互动传播。4P 皆传播，传播互动的落地要体系化运作：产品是 IP，也就是传播势能；渠道是触点集散地，就是传播势能的流转；促销是传播的引爆点，价格是 IP 价值的正向化。同时 4P 是营销的分析框架，讲新营销，4P 一定不是过时的，传统营销也不是过时的。

“快慢结合，双轮驱动，是 4 ×4 市场深度动销工具的核心思想。4 子快渠道，动作标准化、节奏化，以动制静抵抗竞争品牌，产品动销硬实力。4 社慢推广，动作立体化、形象化，品牌造势促进动销，产品动销软实力。”

第八章

区域市场5×5组织管理工具

当我们面对一个区域组织的时候，如何能够在较短的时间内提升组织执行力？每一个冲在一线的操盘手或者区域负责人，都希望通过自己的努力能够在较短的时间里提升组织凝聚力与执行力。但是，这往往是一个系统性问题，说起来容易做起来难！所以，提炼总结一套切实可行的组织管理工具非常重要。本文就黑格咨询总结并提炼的“区域市场5×5组织管理”工具模型，如图8－1所示，进行实战分解。

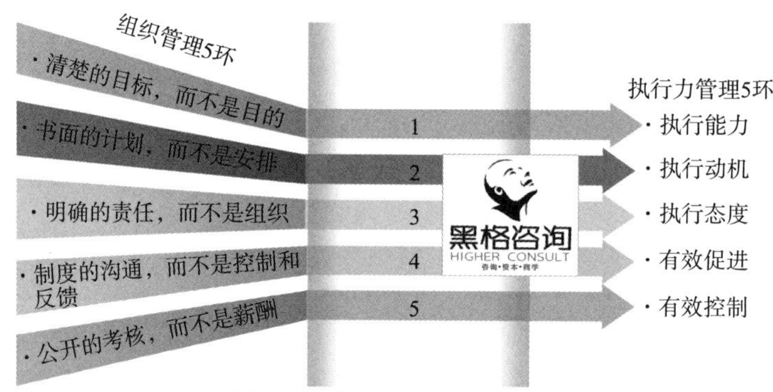

图8－1 “区域市场5×5组织管理”工具模型

第一节 组织管理5环节

1. 清楚的目标，而不是目的

组织管理目标清楚，如图8－2所示。

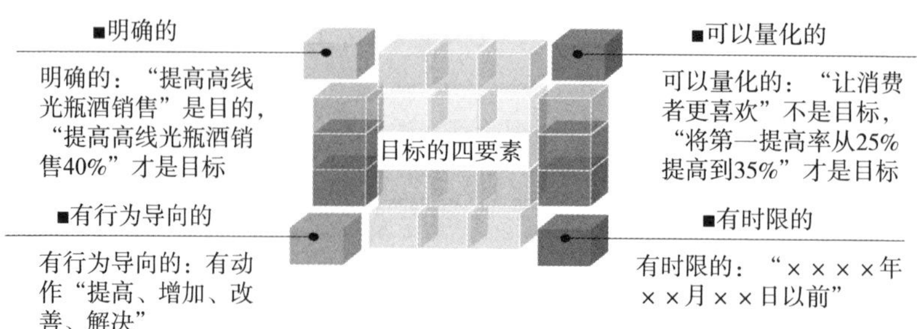

图8－2 目标的四要素

附：表格管理工具

目标管理表，如表8－1所示。

表8－1　目标管理表

<table>
<tr><th rowspan="2">长期目标</th><th rowspan="2">中期目标</th><th rowspan="2">核心策略</th><th colspan="4">行动措施</th><th rowspan="2">衡量（成果呈现）</th></tr>
<tr><th>项目</th><th>方法与步骤</th><th>责任人</th><th>时限</th></tr>
<tr><td rowspan="2"></td><td rowspan="2"></td><td rowspan="2"></td><td></td><td></td><td></td><td></td><td></td></tr>
<tr><td></td><td></td><td></td><td></td><td></td></tr>
<tr><td rowspan="2"></td><td rowspan="2"></td><td rowspan="2"></td><td></td><td></td><td></td><td></td><td></td></tr>
<tr><td></td><td></td><td></td><td></td><td></td></tr>
</table>

说明：

□ 如表8－1所示，本表格是目标管理的重要工具；主要作用是将企业的战略/策略与月度/周度的行动紧密结合起来，以将战略/策略落实到实施中。

□ 适合经理级以上人员填写，主管和一般职员只要填写“行动和措施”部分就可以。

□“长期目的”一般是指企业一年以上的目标，甚至是企业的远景使命。

□“中期目标”要符合“四要素”的要求，一般是以季度或半年为周期。

□“核心策略”是达成目标的最有效途径。

□ 围绕一个目标和核心策略的行动措施一般以3～5项为佳，不超过7项，从而体现“要事优先”的原则。

□“衡量”是明确每个项目必须达到的“结果”。

2. 书面的计划，而不是安排

所有的工作安排都要形成计划书，如表8－2所示。计划书就是要将“行动措施”细化、书面化。

表8－2　计划书

类别	背景	目标	策略	预算、预估	排期
内容	问题界定与分析	任务和追求的结果	达成任务最有效的措施	要花多少钱，达成什么效果	谁、什么时间、必须完成什么，谁评估
计划人					

3. 明确的责任，而不是组织

每项工作只有一个责任人，集体负责等于没人负责；对工作负责任，实际上是对自己负责；责任，勇于对结果负责；要经常问自己“做到了没有”，而不是“做了没有”；每个环节上的人都要对最终结果负责。

附：表格管理工具

表8－3　责任协同表

工作项目	成果呈现	时限	责任人	审核人	协助人	咨询人	抄送人

□ 如表8－3所示，本表格为“责任协同表”，主要用作需要多部门协作的项目推进。

□“责任人”一般只有一个，如果是一个小组负责，那么就填写组长的名字；责任人对成果的按时呈现负责，并作为“衡量”评估个人绩效的主要评分标准。

□“审核人”一般是责任人的上级，既负责审核工作成果，也负责考核责任人的绩效。

□“协助人”的协助也是责任和义务，而不是可做可不做的。

□“咨询人”是项目开展可以请求援助的人，可以是内部的也可以是外部的。

□“抄送人”是应该知道该工作项目的所有人员。

4. 制度的沟通，而不是控制和反馈

很多工作效率低，迟迟达不成效果，不是领导不重视，不是员工不努力，而是纵向和横向的沟通不够，造成不同的执行责任人对于目标和成果标准不清楚。因此，管理的核心就是沟通。常见的沟通形式有月度会议沟通、周会沟通、日报沟通。

5. 公开的考核，而不是薪酬

对于营销人员的薪资全部与销量挂钩，甚至与年底销量挂钩，貌似科学，实际上是20世纪80年代农村“承包责任制”的翻版，是农业管理在商业的应用。好的考核和薪资体系一定要强调“通过过程管理结果”，每个过程对了，结果自然会好。因此，考核和薪资设计要建议：

□ 过程和结果并重：级别越低越要重视“过程”。

□“量化”与“质化”指标并重：级别越低越要重视“质化”，级别越高越要重视“量化”。

□ 对经理以下级别的每月的“质化”指标考核很重要。

第二节　执行力管理5环节

1. 执行能力

有效掌握与运用管理工具+工作经验与心得+……一项工作要得以顺利开展，首先要有执行能力，即要“会做”。会做，靠的是平时的学习与实际操作经验，以及上司的培训与工作指导等。

2. 执行动机

一个人会做还无法完成工作，还要有工作意愿（动机），即要“肯做”。所谓的肯做不是一个口号，一个动作，而是要充分发挥主观能动性与责任心，在接受工作后应尽一切努力与想尽一切办法把工作做好。作为中基层管理人员、操作人员，一定要有挽起衣袖来做事情的实干精神。

3. 执行态度

执行态度是对待工作的态度与标准，我们应把做好工作当成义不容辞的责任，而非负担，要认真对待，来不得半点马虎及虚假；做工作的意义在于把事情做对，而不是做五成、六成的低工作标准，甚至到最后完全走形而面目全非，应以较高的（大家认同和满意）标准来要求自己。

4. 有效促进与有效控制

执行能力、执行动机、执行态度是执行者的行为能力、意愿和态度，光靠这些特征不足以把事情落实好，还需管理者进行有效促进与有效控制，调整执行者的行为，控制事情的发展不偏离正常轨道，才能更好地把工作落实好。

5. 管理风格

我们在工作过程中应坚决杜绝有令不行、有行动而没结果、面对不良的结果不改善与不处理等现象，否则，这种现象就会像“瘟疫”一样传染与复制；做事情前怕狼后怕虎，要照顾这个人的情绪也要照顾那个人的感受，道理都很动听，但结果是无法做，导致执行力的丧失。

总结：通过构建合理的组织管理工具，对执行过程进行有效的控制，建立有效的工作计划系统，来打造组织执行力系统。组织执行力是能够高效地实现组织目标的能力。

第九章

区域经理促销管理实战宝典

在白酒的终端攻略中，促销是营销中的重要环节。如何组织、管理促销是一个区域市场主管经常遇到的问题。有的品牌在区域市场的促销活动十分出色，而大多数白酒品牌在促销管理上十分原始，缺乏系统管理是导致这一现状的根本原因。许多企业老总想寻找很有新意的促销方式，以期达到惊人的效应。但实际上，在白酒市场的终端实践中，许多常规性的促销还是十分管用的，关键在于促销管理的科学与否、系统与否。“可口可乐”年复一年地重复着相似的促销活动，只是促销的主题随着时尚潮流的变化而变化，但是消费者总是乐于参与，品牌表现也随着每一次的活动更加活跃，品牌内涵也因为促销而更加丰富。这里就是严密的促销管理所产生的效应。白酒的命脉在于市场的终端，面对大量品牌挤占货架的局面，我们该何去何从？抓好促销管理工作将让品牌在终端的表现更出彩。

第一节　促销管理的三阶段

促销活动，包含促销计划管理、促销过程管理和促销效应评估三个阶段。这三个阶段的工作内容如下：

1. 促销活动前期准备工作

（1）促销方案的审定：促销方案是促销活动实施和行动的指导。促销方案的好坏直接关系到活动的成败，因此，在实施促销活动之前应对方案进行审定和修正。

①审定方案是否严密、可行。主要包括促销活动的执行方式、人员组织安排、执行时间、执行场所、活动设备等。

②审定方案是否有针对性。审定促销方案的定位、目标消费者、活动执行时间是否合乎促销目标。

③审定方案是否有一定的适应、协调能力。促销活动对竞争者是否有竞争力，是否适应市场前景，是否适合自身品牌的发展，是否对市场带来积极的影响，等等。

（2）促销活动的具体安排：区域市场经理或主管依据审定后的促销方案，进行促销活动的组织、实施，对促销方式、人员安排、场所、活动设备进行安排。具体为：

①人员的组织安排：以市场区划为单元，结合当地的市场环境决定人员。

②广告、宣传品的准备和布置工作：主要包括道具、宣传品、媒体等，必须在促销活动开始之前准备、布置完毕。

③促销货物的准备：促销产品种类、价格和预计销量及续补量。

④时间安排：把握促销时机，对促销时间进行细分，做到促销时间合理把握。

（3）确定各自权责范围和信息反馈体系：

①明确区域经理（主管）、业务主办、业务员各自的权责范围。

②信息反馈表单的设计和准备，主要包括《销售表》《经销商和客户反馈表》《任务追踪落实情况表》等。

2. 促销活动中的监督和管理工作

促销活动执行过程是对活动全程进行监督和管理的过程，其中监督工作主要包含以下内容：

（1）计划方案执行情况。

（2）人员执行情况。

（3）物资控制情况。

（4）实施中的不良倾向。

如果发现实施中同计划方案有偏差，或方案同实施有较大误差，区域经理（主管）就必须立即进行促销活动的调整，以改进促销方式、方法，必要时甚至可以终止促销活动。

3. 促销活动后的分析、评估和总结工作

一项促销活动经过精心策划、严密组织、认真实施以后，完成了使命，然后就要对促销活动管理工作进行分析、总结：

（1）促销活动的分析、评估。

①对促销活动销售量、销售额进行统计和汇总。

②对促销人员的业绩进行评估和奖罚。

（2）促销活动的总结：归纳促销活动成功的经验或失败的教训，提出改进措施，为以后的促销工作积累经验。

第二节　具体活动的执行

根据公司行业的市场操作来看，现在主要是以两类促销活动为主。

1. 促销活动的分类

（1）零星促销活动：零星促销活动主要包括免费品尝、买××赠××活动、现场促销等小型促销活动，其特点是规模小，投入的人力、物力少，不需要大量的广告投入，可操作性比较强，时间可长可短。

（2）酒店、商场（超市）、社区等大型促销活动：大型促销活动主要是指在酒店、商场超市举办的现场抽奖活动、婚庆促销、新产品发布会、渠道订货会、社区促销活动等，其特点是规模大，投入的人力、财力大，需要大量的广告投入，操作性相对复杂，但时间较短。

2. 促销的阶段

根据目前白酒市场的特性，我们把产品促销分为四个阶段：导入期、认同期、强化期、信赖期，如表9－1所示。

表 9－1　白酒市场产品促销的阶段及内容

阶段	促销活动	广告媒体
导入期	免费品尝、酒店促销小姐、酒店终端活动、商场超市终端活动	随铺货广告、条幅、电视标板、POP、户外看板等
认同期	酒店促销小姐、酒店终端活动、商场超市终端活动、大型户外活动	条幅、巨幅、电视标板、报纸、公交车身广告、POP 等
强化期	酒店终端活动、商场超市终端活动、大型户外活动、社区促销活动	巨幅、电视标板、报纸
信赖期	大型户外活动、社区促销活动	电视标板、报纸

根据各个阶段的广告和促销活动的特点，设置各个阶段的促销活动及管理。但需要说明的是，这些促销活动在各个阶段并不是唯一选项，许多促销活动在各个阶段都可以进行，只不过促销的目的和方式可能有所不同。

区域负责人作为区域市场的领导者，是促销活动方案的起草、审定、组织实施、监督管理和总结反馈者，其作用关系到整个促销活动的成败。因此，一个好的区域负责人必须具备良好的营销管理知识，对区域市场信息、消费者需求、竞争者产品和营销策略、经销商情况了如指掌。只有这样，区域负责人进行促销活动时才能做到游刃有余。

第三节　促销活动应注意的问题

促销活动中可能会出现各种各样的问题，如由于准备工作不充分，可采取紧急补救措施来弥补。在此，只对促销活动中可能出现的不良倾向问题和促销后遗症进行探讨。

1. 促销活动中的不良倾向问题

（1）促销活动不能得到消费者的认同。

（2）促销人员出现违法乱纪情况，导致促销活动不能按原计划执行。

（3）促销货物出现问题，包括数量、存货、供给、质量、品种等，以致促销宣传、传播受到限制。

（4）决策负责人的态度、观念和管理方式发生变化，以致必须高速完成促销活动。

（5）促销成本的剧增，利润下滑。不计成本地急于求成，以达到市场覆盖率和占有率的提升效果。

（6）竞争者的对抗措施迫使企业必须调整现行促销手段、措施、内容。

诸如此类的情况出现时，促销活动就必须进行调整，使企业更有效地适应新的环境和条件，从而最终达到既定目标。当然，如果环境和条件发生重大变化时，也不排除当机立断，停止促销活动的必要性。

2. 促销后遗症的表现及医治

通常来说，诱导促销后遗症的表现有：

（1）促销后，销售额迅速下降且采取多种措施都无济于事。

主要原因有：

□ 单纯由物质利益诱导，未能诱导消费者找到满意的“由头”。

□ 促销中，产品、服务、形象等给消费者留下不良印象。

□ 给消费者的错误引导，使消费者获得利益的期待破灭。

□ 促销管理工作出现失控，给消费者、新闻媒体等造成不好印象。

□ 促销盲动，措施和手法都是以追求眼前利益为目标，没有长远规划。

□ 在制订促销计划时，没有较为周密的分析和对可能出现的情况及备用方案的研究。

基于这些原因，对该后遗症的医治“药方”是：

□ 加强对品牌价值（无形资产）的投入，以使消费者树立正确的概念。

□ 转变促销方式和促销的内容。

□ 启用其他促销方式，如销售后服务、形象促销等。

□ 树立消费者购买信心和中间商经销信心。

（2）促销进行中，消费者对该促销活动有意见甚至反感，从而使企业名誉大幅度下降，并直接影响企业今后的销售量。

其主要原因有：

□ 促销的立意、方式、内容使消费者产生普遍的反感。

□ 促销方案的论证不准确，把关不严。

□ 促销执行环节出现问题未能及时解决。

解决办法有：

□ 加强促销的管理工作，重点在制度、人员信息沟通和协调、积极性的激励。

□ 加强策划的制定和论证的科学性，重点在策划制定和论证的程序、分析、严密调查上下功夫。

□ 如果已出现后遗症，则应从树立新形象着手，转变消费者成见。具体方法是：

□ 通过人员沟通，消除误解。

□ 通过广告、宣传，讲明道理。

□ 采用其他经营和销售方式，在形象上转变看法。

□ 以品种、花色等新、奇、特的产品和销售方式转移消费者的视野。

总之，促销是营销管理中的重要环节，只有通过计划、执行和控制，才能使促销为品牌的表现起到良好的作用。

第十章

保健酒市场的趋势与思考

随着社会交往的日益频繁，酒水作为交际的道具作用永远不可替代。而随着消费者健康意识的提升，酒水的低度化、清淡化、健康化日趋明显。酒行业深度调整打破了原有的酒业格局，白酒行业整体发展放缓、销量下滑，保健酒借机发力市场，挤压白酒份额。如今的保健酒行业形势到底如何，请看下文分解。

第一节　保健酒主流化的 4 大趋势

1. 从低价生存到中高档消费趋势

低价是草根的表象，而中高档成功则表示保健酒逐步被中高端人群接受，从“地摊”到“正式餐桌”的变化，保健酒的产业空间得到了释放，从低到高的产业结构在形成，这是一个行业成熟的表现。比如黄金酒、白金酒高达 160 元，年份竹叶青终端高达 700 元。保健酒不再是边沿化的平民酒，而是各类消费场所的健康饮品。

2. 保健酒从隐讳不清到阳光化趋势

保健酒企业越发开始清醒，告别了传统色彩的“性保健”原始期，以科学技术给产业“正名”，如保健酒技术进步的三个阶段：从浸泡技术到渗漉技术，再到今天数字提取技术。技术进步催使了保健酒阳光化，从而使保健酒开始向营养、滋补、养生方向转变。

3. 从“三剑客”到健康产业大军形成的趋势

以前是以中国劲酒、海南椰岛鹿龟酒、宁夏红枸杞酒三个知名保健酒品牌为代表，现在市场表现较活跃的品牌众多：战略投资者都看好中国广阔的消费市场，五粮液集团斥资扩建保健酒产能，茅台在保健酒布局上战略性地在全国最大鹿产品生产交易基地辽宁铁岭西丰县设厂（推出茅鹿源保健酒），还有宋河的老子养生酒、汾酒的竹叶青、河套的百吉纳奶酒、致中和、古岭酒和张裕三鞭酒，等等。这样一来，保健酒的品类概念开始丰富。顾名思义，保健酒就是指喝后对人体有营养价值，能起到保健作用的酒。

保健酒在以前统称药酒，现在则是传统药酒的分支，更是从果露酒、黄酒、啤酒、白酒等多酒种延伸的综合体。近些年，啤酒企业生产的更营养的果啤、黄酒本身的养生、果露酒部分产品的创新等，都在指出所有酒种在国际制定酒精减害的形势下，纷纷转到健康研究这个方向，恰好这个方向与保健酒不谋而合。

4. 消费者健康需求不断强化的趋势

安全是一个行业生存的底线，健康是一个行业发展的方向。根据国际通用的恩格尔系数法判断，当人均 GDP 达到 1000 美元时，艺术市场才能真正启动，人们的消费开始从基本需求转向服务与健康的满足，时至今日，处于软性消费的白酒在葡萄酒等品种的催促下，不得不再次重提健康。

据黑格咨询保健酒研究中心的数据显示：未来几年将突破 300 亿～400 亿元。由此可见，保健酒经历了二十年的高速奔跑，行业发展速度不但没有减缓，反而进一步升温！

中国已经从过去的知识型生产者过渡到今天的知识型消费者，保健酒不再是老年人的定制品，而是健康产业中一个重要的角度。知识型消费者的崛起，对酒类产品挑剔的最大受益者就是可以涵盖所有酒种的保健酒。

第二节　主流趋势下的 4 个思考

1. 现有的“傍名牌、夸药材、炒概念”是死路

处于成长期的现代保健酒产业，不可避免地会产生很多混乱。

（1）行业标准的缺失，造成质量良莠不齐。

（2）进入门槛不高，使得大量小公司疯狂涌入。

（3）行业监管不到位，政府主管部门存在多头管理、职责不清等问题……保健酒要取得“健”字号这个“身份证”需要门槛。自2005年7月1日起，《保健食品注册管理办法》正式实施，要求保健酒生产企业必须通过GMP认证后才能进行生产和销售。GMP认证成为保健酒企业的生存门槛。

如今，保健酒企业共有3000多家，但年产值过亿元的保健酒生产厂家占比在5%以内，因此茅台茅鹿源酒成为保健酒行业主流企业的行业担当，茅台茅鹿源酒正是茅台集团在保健酒品类的扛鼎力作！

2. 保健酒≠酒+药材

保健酒纳入卫生部GMP认证，外包装必须有天蓝色保健品食品标志（俗称“蓝帽子”），但是获得“蓝帽子”的保健酒企业不足20%，许多保健酒没有正式的批号，只是“酒+药材=保健酒”。因此，消费者在选择保健酒消费时，经销商选择代理保健酒品牌时，第一要看其有无保健食品标志（俗称“蓝帽子”），第二要看品牌背书是否为大型正规酒企生产，如茅台、五粮液、劲酒这些酒行业翘楚企业推出的产品。

3. 体验营销，树立现代保健酒形象

告别简单的餐饮、礼品、药店式营销，产品从过去的过分宣传功能，转为让消费者参与体验消费。像红酒那样去普及现代保健酒的现代理念与内涵，即去掉传统意识里的“保健”阴影，塑造一种科学、健康、文化的主流生活方式。

4. 忘掉“保健”，只做健康是出路

对于以保健酒立身的酒企来说，酒企本身应该站在有益消费者健康角度去创新、去营销，忘掉“保健”只关注健康，真心为消费者身体着想。这样生产出来的现代型保健酒，才是未来所需，产业才有出路，这也是大型酒类生产厂家的社会责任和担当，也正是茅台集团在东北投资大健康产业、推出茅台茅鹿源酒的战略出发点。

第十一章

光瓶酒新品在县级市场如何用100天销售2万件

近年来，随着白酒产业的深度调整及农村市场的消费升级，白酒企业渠道下沉、扁平运作已不再是喊口号，大多数企业的市场开发已由原来的地级市场扁平到县级，再由县级市场下沉到乡镇。那么，对于地方酒企而言，乡镇市场的开发运作和品牌推广更是一个尤为重要的命题。下面笔者就目前服务的河北省一家地方性酒企“河间府酒业”乡镇市场的实操案例与大家分享。

河间府酒“纯粮6”产品于2018年11月中旬在河间市开始上市铺货，短短100天时间实现乡镇市场全覆盖，销售2万件，如图11－1所示。对于一个新产品来讲，这个销售数据还是相对理想的，那么我们来看一看，这个产品是如何做到的?

(a)

（b）

图11－1　河间府酒"纯粮6"100天实现乡镇市场全覆盖

第一节　1件漂亮产品

俗话说得好，慢工出细活。河间府酒"纯粮6"产品经过半年时间的打磨，从包装、品质、产品诉求等方面做出详尽的调整和提升。

1. 瓶身设计

瓶身设计如图11－2所示。外观形象抓住大众消费者的心理需求，设计方向为目前流行的方扁瓶，材质选取精白料制作。在瓶标的设计上深挖河间府署文化，将河间府署以线条的形式直接植入瓶标上，同时以复古邮票（牛皮纸）的风格材质制作，以简洁大方、精致复古的形式呈现。

图 11－2　河间府酒“纯粮 6”

2. 品质提升

以“双藏双酿”技法酿造工艺，通过双轮酿造（即经过地上堆积发酵与窖池发酵的双轮发酵酿造过程）与双轮藏养（即地下洞藏及地上窖藏）极大地将酒水中的杂质去除，保证河间府酒具有“入口舒适，下口舒适，饮后舒适”的饮用体验，使得河间府酒的品质得到二次提升。

3. 产品诉求

河间府酒业坚持自己酿酒，如图 11－3 所示。同时，将消费者回厂体验游作为核心工作去规划，每年有着近万人次回厂体验白酒的酿造过

（a）

(b)

图11－3　河间府酒酿造过程

程，让消费者知道河间府酒是真正的纯粮酿造。基于此，这个产品以“地地道道纯粮酿造”为产品诉求广告语，同时赋予产品小名为“纯粮6”，重点强化产品线的品质化落地。

第二节　2种模式导入

1. 全控价模式导入

河间府酒业价值链模式通过“纯粮6”新品的导入实施全控价体系，通过全控价体系，实现厂家主导地位，商家辅助配合地位。全控价体系是所有的费用投入由厂家掌控，商家主要起到配送作用和终端网络的建设。

全控价体系：案例（价格为虚拟）

河间府酒“纯粮6”全控价体系，如表11－1所示。

表11－1　河间府酒“纯粮6”全控价体系

单位：元/件

产品	厂家费用预留	一级商代理价	二级商价格	终端商进货价	终端零售价	备注
纯粮6	80	200	200	200	200	
		批返20	批返20	六件赠一件		

解读：

如表11－1所示，所有环节统一价格，一级商及二级商通过返利的形式预留合理的利润空间，终端店利润主要来源于政策的支持。厂家预留费用包括渠道建设费用、品牌建设费用、消费拉动费用等。比如，瓶盖费、消费者主题促销、箱外奖、终端物料、陈列费、摆台费、经销商返利、品鉴酒、一桌式小品会等。

2. 分销模式导入：一镇一分销，重点先介入

（1）一镇一个分销客户：河间市场共有20个乡镇（卧佛堂、束城、郭村、兴村、尊祖庄、果子洼、龙华店、西九吉、时村、沙洼、行别营、沙河桥、景和、故仙、黎民居、留古寺、米各庄、北石槽、瀛洲镇、西村），根据乡镇特点及分销商区域及能力状况，市场整体规划了13个分销商（其中果子洼、瀛洲镇、西村、郭村、西九吉、北石槽、沙洼镇归纳到其他乡镇市场中），按实际情况每个乡镇设一个分销商。

（2）重点客户重点操作：兴村（酒厂根据地）、时村、米各庄、卧佛堂、束城、龙华店、尊祖庄等7个乡镇区域范围广、人口数量多、消费能力强、经济水平高及分销商网络和综合能力较强，将这7个乡镇列入重点乡镇，明确集中资源第一时间开拓这7个乡镇市场的战略方向。

第三节　3大策略下乡

1. 铺货突击队下乡

（1）厂商共建铺货突击队的目的：

①核心目的：利用组织的聚焦来实现终端铺货的谈判突破，帮助经销商实现市场铺货突围与搅动。

②做好突击队形象车队的宣传工作，车队的编组作为一个宣传形式和一个视觉点实现品牌宣传，在乡镇市场铺货的过程中实现品牌传播联动效果。

③通过立体的终端物料强势展布实现终端形象建设的一次性突破，从而实现短时间内高效率的市场基础建设。

（2）突击队人员架构设计：产品要想快速铺货及市场良性发展，没有一支专业稳定的业务队伍是不行的。针对现有分销商的布局情况，厂商沟通后决定以6个人组建铺货突击队伍，其中厂家5人+分销商1人，分销商老板亲自带队，厂家出铺货车辆4辆，并进行合理分工，如图11－4所示。

（a）

（b）

图11－4　铺货突击队

职责分工：

□ 铺货突击队小组组长由厂家人员担任，要选择沟通谈判能力强、组织协调能力强的人员，主要负责铺货当天的整体安排和统筹，更重要的核心工作是与零售终端一对一地谈判沟通。

□ 乡镇分销商的主要职责是铺货路线的指引及协助小组组长与终端零售客户的谈判工作，同时负责收取铺货产品的货款。

□ 厂家业务员主要负责宣传物料（POP、条幅、报价签、陈列）的投放及装卸货。

（3）铺货突击队“四专”策略：

□ **专人：**就是固定一个人，不要轻易调换。小组组长及组员确定后则不能轻易调换，通过专人专事负责的制度，保障铺货的有效执行。

□ **专线：**就是固定一个区域或路线，不要打一枪换一个地方。根据市场及分销客户的实际情况，进行合理的路线规划。

□ **专心**：就是全情投入，做好服务。铺货小组成员要专心地对分销客户及终端客户进行服务，并在此过程中执行分配在每个人身上的具体工作。

□ **专考**：就是专项考核，针对新产品上市初期“铺货”这一项工作规划奖惩方案。奖惩方向以铺货率、终端氛围营造、现金收款等进行重点考核和奖励。

2. 一桌式小品会下乡

乡镇一桌式小品会营销并非是盲目的，一定是和当前战略目标联系在一起的。是为了新产品上市宣传，还是为了开拓市场及目标群体等，根据目标的不同，小品会的侧重点肯定是不同的。

（1）河间府酒“纯粮6”一桌式小品会开到乡镇去的两大目的：

□ **核心目的是口碑传播**：乡镇一桌式小品会营销，是通过核心餐饮终端店老板来邀请村级市场目标消费者（常到店喝光瓶酒的人群），以目标消费者体验，全面展示产品的品质特点和利益点，形成口碑传播，拉动消费，如图11－5所示。

（a）

（b）

图 11－5　河间府酒“纯粮 6”品鉴顾问联谊会

□ **间接目的是核心终端压货**：乡镇一桌式小品会营销要结合铺市政策，在常规铺货政策的基础上增加小品会的支持，通过小品会的支持实现乡镇市场核心餐饮终端的压货工作。

（2）河间府酒“纯粮 6”乡镇一桌式小品会的 3 个标准：“1510”标准，即制定“1”组铺货政策，选择“5”个核心终端，邀请“10”个目标人群。

□ **制定“1”组铺货政策**：这里的“1”组指的是以 12 箱为一组，在常规铺货政策的基础上，核心餐饮终端店现金一次性进货 12 箱产品额外支持一桌式小品会一场，品鉴酒及餐费由厂家承担。

□ **选择“5”个核心终端**：每个乡镇选择核心餐饮终端 5 家，要求生意好、光瓶酒销量大、能够接受进货一组 12 件的店面。

□ **邀请“10”个目标人群**：每场小品会由核心餐饮店老板邀请 10 名常到店里吃饭而且常喝光瓶酒的目标人群，告知目标人群品鉴会议的时间及活动内容，通过核心人群的邀约品鉴带动饭店的人气和消费氛围。

（3）乡镇一桌式小品会的 4 大原则：目标人群要匹配、资源投入要聚焦、主题鲜明有特点、后续服务拉客情。

□ **匹配原则**：首先，邀请的人群一定要与产品的定位符合；其次，邀请的人群要真实和有效，按规定邀请不能凑数，要求必须是男士，不能带儿童。

□ **聚焦原则**：一般光瓶酒的市场费用投入是有限的，将资源聚焦每个乡镇的5家核心店，聚焦于目标消费人群进行品鉴，通过资源的聚焦实现费用的有效使用。

□ **主题原则**：小品会以酒为媒，核心是品牌、产品、文化、品质的传播。因此，小品会都要有一个鲜明的主题来吸引村级市场目标群体参加，让其有自豪感。

□ **后续服务**：小品会会后的跟进服务尤其重要，中高端产品厂家做完小品会后就是派专人打电话定酒，很容易招致消费者的反感。而“光瓶酒”在乡镇小品会会后的跟进一定不是卖酒，而是进一步拉近客情关系，定期赠送小礼品。

3. 小型路演下乡

（1）小型路演下乡的目的：河间府酒“纯粮6”小型路演下乡，如图11－6所示。提高新产品的知名度，在消费者心目中树立全新的品牌形象，传播河间府酒的品牌诉求，并使消费者认同和接受。与消费者近距离交流，让消费者获得首次体验感，通过促销活动的刺激实现产品现场销售。

（a）

（b）

图 11-6　厂商合作关系图

（2）小型路演的核心策略：

□ **位置及时间选择**：一般选择分销商门市门口（或者核心终端店门口），选择在赶大集的时间段。地方好、人流量大才能有效地实现活动的推广。

□ **现场互动奖项设置策略**：大奖做点，形成现场热议；小奖做面，烘托整体现场氛围。通过现场品鉴，强化消费者口碑宣传，如图 11-7 所示。

（a）

(b)

图11－7　河间府酒“纯粮6”现场品鉴

□ **售卖现场主题促销策略**：如图11－8、图11－9所示，“奖品多多惊喜不断，好礼一大盆”，依托消费者主题促销活动，实现路演活动现场销售落地。

图11－8　河间府酒“纯粮6”主题促销海报

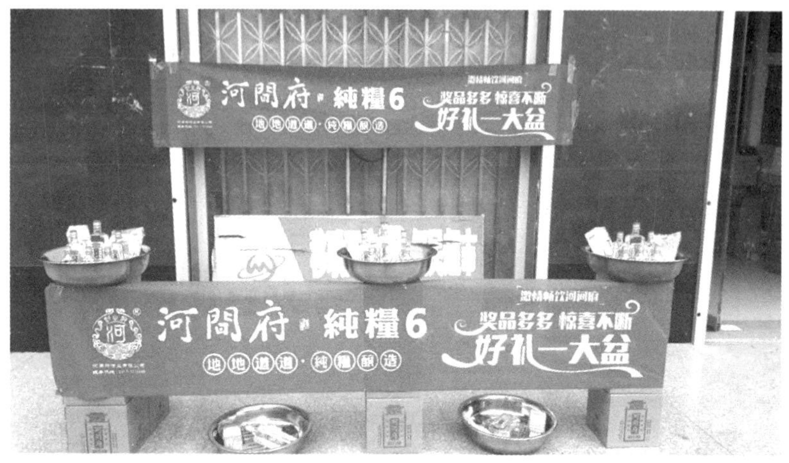

(a)

(b)

图 11－9　河间府酒“纯粮 6”主题促销现场

□ **路演活动组织策略**：成立路演突击小分队，将分工明确到人，强力支撑活动有效展开。

□ **路演活动传播策略**：活动前一周 DM 单页、条幅进行传播发放及悬挂，活动现场拍照及视频微信朋友圈全员发送传播，活动后形成软文在微信公众平台发送传播。

第四节　4 个工程落地

终端建设“1660”工程：如图 11－10 所示。一个村打造 1 个核心样板店；一个乡镇打造6个核心样板店；县城打造60个核心样板店。

(a)

(b)

（c）

图11－10　河间府酒“纯粮6”核心样板店

1. 终端生动化“114”工程

如图11－11所示，每个终端展示1组产品陈列；每个终端展示1组堆箱；每个终端悬挂不少于4个传播物料（条幅、POP、报价签、围膜等）。

（a）

（b）

（c）

图11－11 河间府酒"纯粮6"终端生动化"114"工程

2. 品牌建设"123"工程

如图11－12所示，即聚焦一种骨干媒体进行集中品牌宣传（低成本：喷绘布门头、户外墙体广告）；一个乡镇的核心店保证2块店招（即门头＋灯箱）；一个乡镇选取核心位置制作3块墙体广告。

（a）

（b）

图11－12　河间府酒“纯粮6”品牌建设“123”工程

3. 人员管理“1125”工程

如图11－13所示，即每天早晨1次总结会议，总结铺货中遇到的问题及解决方法，同时安排当天的具体工作和目标；日常监督管理一组照片（水印相机＋每日暗号＋门头照片＋店内陈列照片）。通过水印相机在终端拜访的过程中拍门头照片及陈列照片＋每日暗号，确定人员位置，避免人员脱岗、漏岗；业务人员每天最少保证拜访25个终端网点，强化拜访数量和工作质量。

(a)

(b)

(c)

图 11－13　河间府酒" 纯粮 6” 人员管理“1125” 工程

<table>
<tr><th colspan="4">老板·创业</th></tr>
<tr><th colspan="4">一、经理人</th></tr>
<tr><th>书名</th><th>内容</th><th>书名</th><th>内容</th></tr>
<tr><td>老总有想法，高层有干法
王清华　著</td><td>企业将、帅之间的定位问题、角色问题、方法问题、思维问题、管理问题等</td><td>历史深处的管理智慧1：组织建设与用人之道
刘文瑞　著</td><td>通过历史鉴照当今企业选人用人、二代接班人、创业团队管理等问题</td></tr>
<tr><td>历史深处的管理智慧2：战略决策与经营运作
刘文瑞　著</td><td>通过历史鉴照当今企业决策、战略规划、战略冒进、决策监督等问题</td><td>历史深处的管理智慧3：领导修炼与文化素养
刘文瑞　著</td><td>通过历史鉴照当今企业的领导修养、用权、管理风格等问题</td></tr>
<tr><td>老板经理人双赢之道
陈　明　著</td><td>经理人怎养选平台、怎么开局，老板怎样选/育/用/留</td><td></td><td></td></tr>
<tr><th colspan="4">二、用人</th></tr>
<tr><td>用好骨干员工
王　敏　著</td><td>系统化分享关键人才打造与激励方法</td><td>领导这样点燃你的下属
孟广桥　著</td><td>领导者如何才能让员工积极主动地工作</td></tr>
<tr><td>让用人回归简单
宋新宇　著</td><td>帮助管理者抓住用人的要害，让用人变得简单</td><td></td><td></td></tr>
<tr><th colspan="4">三、转型·创业</th></tr>
<tr><td>创业要过哪些坎
董　坤　著</td><td>15年创业咨询经验总结的创业遇到的问题及办法</td><td>高潜牛人
董　坤　著</td><td>创业和事业发展中如何找到牛人</td></tr>
<tr><td>成为下一个SaaS独角兽
崔牛会　主编</td><td>19位SaaS领专家，7个不同的视角总结SaaS行业实践</td><td>创模式：23个行业创新案例
段传敏　著</td><td>CEO社群23位企业家的思考与实践分享。</td></tr>
<tr><td>重生——中国企业的战略转型
施　炜　著</td><td>本书对中国企业战略转型的方向、路径及策略性举措提出了建议和意见。</td><td>7个转变，让公司3年胜出
李　蓓　著</td><td>企业估值、业务模式、营销、生产制造、客户服务、用户黏性到组织管理7个转变</td></tr>
<tr><td>企业二次创业成功路线图
夏惊鸣　著</td><td>五步骤给出了一幅企业二次创业经营突破、管理提升的成功路线图</td><td>跟老板“偷师”学创业
吴江萍　余晓雷　著</td><td>如何通过“偷师”学习与积累当老板的阅历</td></tr>
<tr><td>公司由小到大要过哪些坎
卢　强　著</td><td>企业成长路线图，现在我在哪，未来还要走哪些路，都清楚了</td><td>跳出同质思维，从跟随到领先
郭　剑　著</td><td>66个精彩案例剖析，帮助老板突破行业长期思维惯性</td></tr>
<tr><th colspan="4">企业经营</th></tr>
<tr><td>经营打造你的盈利系统
高可为　著</td><td>选择最有效的经营策略，打造属于自己的商业模式</td><td>中国企业的觉醒
王　涛　著</td><td>企业告别自私、野蛮，转向善良、爱，才会赢得消费者</td></tr>
<tr><td>成为敏感而体贴的公司
王　涛　著</td><td>未来有竞争力的企业，一定是那些敏感而体贴的公司！</td><td>有意识的思考
王　涛　著</td><td>对头脑中固有观念保持觉察，从而超越它们的局限</td></tr>
<tr><td>简单思考
孔祥云　著</td><td>著名咨询公司（AMT）CEO创业历程中的经验与思考</td><td>写给企业家的公司与家庭财务规划
周荣辉　著</td><td>以企业的发展周期为主线，写各阶段企业与企业主家庭的财务规划</td></tr>
</table>

续表

书名	内容	书名	内容
从10亿到100亿的企业顶层设计 刘建兆　著	重新定义企业成长方式，有效益、有效率、有效能、有效果、有品质的良性成长。	活系统：跟任正非学当老板 孙行健　尹　贤　著	造活系统，使系统活，靠系统活，活得系统。
宗：一位制造业企业家的思考 刘建兆　著	发展20年营业额近亿元制造业企业家的思考与心得	使命：驱动企业成长 高可为　著	用大企业发展轨迹及企业家的心路历程，揭示企业成长的基因，做事的逻辑
让经营回归简单 宋新宇　著	战略、客户、产品、员工、成长、经营者的经营法则	边干边学做老板 黄中强　著	86个案例讲述中小公司成长过程遇到的问题和方法
盈利原本就这么简单 高可为　著	跨越业务与财务边界，为企业提高盈利水平提供方法。		
综合管理			
一、企业管理			
让管理回归简单 宋新宇　著	从目标、组织、决策、授权、人才、老板自己等提供方案	管理的尺度 刘文瑞　著	西医式的体检化验，又要施加中医式的望闻问切
管理：以规则驾驭人性 王春强　著	人性驾驭角度权度运筹安排的可兑现性，管理有效性	看电影，学管理 刘文瑞　著	十六部电影的解读，揭示电影内含的管理之道
好管理　靠修行 曾　伟　著	从佛法、道法思想中寻找管理智慧	公司大了，怎么管 金国华　著	成长型企业发展中的共性问题，通过案例实录解开
低效会议怎么改 王玉荣　葛新红　著	从梳理公司会议体系的层面改变低效会议的现状	年初订计划年尾有结果 郭　晓　著	总结七步落地方案让战略计划切实落地实现
分股合心 段　磊　周　剑　著	围绕股权激励，详细介绍相关知识和实行方法	员工心理学超级漫画版 邢　磊　著	漫画形式对组织中个体心理的全面介绍和深入探讨
让投诉客户满意离开 孟广桥　著	投诉法律法规，应对各种投诉技巧等提升客诉能力		
二、管理思想			
管理学的奠基者 刘文瑞　著	近代以来的管理思想发展揭示管理思想的演化奥秘	巴纳德组织理论研读 郭　威　著	深度研读巴纳德《经理人员的职能》，帮你理解和看懂
管理学在中国 刘文瑞　著	科学看待管理学流入中国，对继承发展进行深入阐述	德鲁克管理学 张远凤　著	以德鲁克管理思想发展为线展示20世纪管理学发展
德鲁克与他的论敌们 罗　珉　著	德鲁克与马斯洛、戴明等诸多管理大师论战的故事	德鲁克管理思想解读 罗　珉　著	作为德鲁克学生全面解构其思想的精髓与实践价值
治论：中国古代管理思想 张再林　著	深入分析中国古代哲学基本精神的基础上，梳理分析了儒法墨三家的管理思想		

续表

营销·销售			
一、企业销售			
书名	内容	书名	内容
大客户销售这样说这样做 陆和平　著	大客户销售活动的十大模块，68个典型销售场景	向高层销售 贺兵一　著	销售人员与客户高层打交道需要重点掌握的知识、技巧
资深大客户经理 叶敦明　著	将大客户经理必须具备的规划、策略、执行三种能力连通自如	成为资深的销售经理 陆和平　著	让销售经理成功把握销售管理6个关键点，并提供工具
销售是个专业活 陆和平　著	据客户采购流程拆分销售过程10阶段，讲解方法技巧	学话术　卖产品 张小虎　著	手机、电动车、家电、食品等消费品的一线销售话术
二、企业营销			
新营销组织力 迪智成　著	适应最新数字化外部环境，系统化协同组织能力建设	营销按钮 老　苗　著	讲述存在于人性以及各个营销环节中的“按钮”
精品营销战略 杜建君　著	“精品营销战略”核心逻辑与营销组合策略	360°谈营销 王清华　古怀亮　著	营销是立体的，从不同角度观察不同企业的营销精髓
互联网精准营销 蒋　军　著	互联网时代整3体策划、包装品牌和产品	招招见销量的营销常识 刘文新　著	做好基本的营销动作都可以提高销量、减低成本
用数字解放营销人 黄润霖　著	用数字说话覆盖营销工作的方方面面	用营销计划锁定胜局 黄润霖　著	让营销计划落地，营销人员只需解决两个问题：基数与概率
我们的营销真案例 联纵智达研究院　著	五芳斋粽子、诺贝尔瓷砖、利豪家具、保健品、娃哈哈	中国营销战实录 联纵智达研究院　著	51个案例，46家企业，46万字，18年积淀
弱势品牌如何做营销 李政权　著	产品与物流通道、服务通道、促销互动通路提供方法	解决方案营销实战案例 刘祖轲　著	十大工业品作者实操案例解码解决方案营销
升级你的营销组织 程绍珊　吴越舟　著	根据企业实际情况建立有机性营销组织	变局下的营销模式升级 程绍珊　叶　宁　著	十年大量案例归纳三种核心驱动要素，三种升级方向
老板如何管营销 史贤龙　著	以十六个招式，理论与案例相结合，高段位营销方法	孙子兵法营销战 刘文新　著	理解《孙子兵法》原意的同时，还可体悟到营销之用
三、品牌			
中国品牌营销十三战法 朱玉童　著	深度演绎最符合企业品牌营销策划的十三套实战战法	中小企业如何打造区域强势品牌 吴　之　著	如何建立强势品牌的角度解析扩张难题
四、营销策划			
这样写文案，就没有卖不动的产品 秦　剑　刘安丽　著	术、法、道三个层面由浅至深培养商业文案创作能力	洞察人性的营销战术 沈　坤　著	介绍了28个匪夷所思的营销怪招，大部分甚至可以直接运用

续表

书名	内容	书名	内容
双剑破局：沈坤营销策划案例集 沈　坤　著	双剑公司8年来的实操案例，每个项目诞生过程、策划角度和方法		
企业案例			
鲁花：一粒花生撬动的粮油帝国 余　盛　著	鲁花如何成长为优秀的带动农业产业发展的品牌，鲁花你一定学得会	**金龙鱼背后的粮油帝国** 余　盛　著	以金龙鱼为脉的一部中国粮油行业的史诗
你不知道的加多宝 曲宗恺　牛玮娜　著	以时间为轴线，详细叙述了加多宝品牌的发展历程	**静水流深** 黄治国　著	作者在美的十五年对何享健近内部讲话资料的整理
娃哈哈区域标杆 罗宏文　快车君 赵晓萌　寇尚伟	讲娃哈哈豫北市场如何成为娃哈哈全国第一大市场、全国增量第一的市场	**借力咨询：德邦成长背后的秘密** 官同良　王祥伍　著	德邦将自己积累的与咨询公司发展共赢的合作逻辑和盘托出
六个核桃凭什么从0过100亿 张学军　著	全视角深度解读养元企业的裂变成长，复盘十年蜕变轨迹	**像六个核桃一样** 王　超　著	六个核桃为什么卖得这么好，产品畅销的6大要义36条简明法则
中国首家未来超市 IBMG集团　著	对乐城超市的掌门人及内部员工的采访详细阐释了乐城的经验	**三四线城市超市如何快速成长：解密甘雨亭** IBMG集团　著	甘雨亭的许多关键经营指标均高于行业标准，学习其成功的方法
集团化企业阿米巴实战案例 初勇钢　著	作者在某酒厂推行阿米巴经营模式的心得		
经销商			
新经销：新零售时代教你做大商 黄润霖　著	探访近100位经销商在传统营销手法上的创新，传统营销微创新和新营销本地化	**商用车经销商运营实战** 杜建君　王朝阳 章晓青　著	对商用车经销商的经营与管理、4S店运营做了全方面的系统总结
跟行业老手学经销商开发与管理 黄润霖　著	从管理耐用消费品经销商角度提炼了48个代表性问题并给出解决办法	**快消品经销商如何快速做大** 黄润霖　著	经销商如何通过经营实现规模，通过管理实现规模效益
建材家居经销商实战42章经 王庆云　著	经营管理的心法和战法，帮助经销商成为“业务妙手”和“管理能手”	**成为最赚钱的家具建材经销商** 李治江　著	针对建材家居行业的经销商，从销售模式、产品、门店、市场等方面给出方法
白酒经销商的第一本书 唐江华　著	经销商如何选择厂家、合作、运营品牌等问题给建议	**快消品招商的第一本书** 刘　雷　著	从招商理论到招商动作进行系列化分解，化繁为简
中小企业			
中小企业如何打造区域强势品牌 吴　之　著	如何建立强势品牌的角度解析扩张难题	**用流程解放管理者** 张国祥　著	8个板块构成，共66篇文章，14幅流程管理图
用流程解放管理者2 张国祥　著	对中小企业规范化流程管理进行系统的阐述	**弱势品牌如何做营销** 李政权　著	产品与物流通道、服务通道、促销互动通路提供方法

续表

书名	内容	书名	内容
本土化人力资源管理8大思维 周　剑　著	用最贴近中国中小企业现实管理情境的案例去讲述周围人的“家事”	**中小农业企业品牌战法** 韩　旭　著	农业企业需要全产业链视野，更需要品牌实战方法
门店销售冠军复制系统 王吉坤　著	门店型企业如何打造可复制的销售冠军系统，凡是门店型企业都可以使用	**新零售动作分解与实操：建材·家居·家具** 盛斌子　著	对泛家居行业趋势、店面管理、团队管理、促销推广、五感营销等提供策略
家具建材促销与引流 薛　亮　李永锋　著	对泛家居营销执行模式和工具、关键环节等进行汇总	**建材家居门店6力爆破** 贾同领　著	产品力、导购力、形象力、推广力、服务力、组织力
家具行业操盘手 王献永　著	总结家具终端门店发展的现状及问题并给出策略	**手把手教你做专业督导** 熊亚柱　著	系统梳理督导的核心技能，岗位职责、工作流程及技能
手把手帮建材家居导购业绩倍增 熊亚柱　著	针对建材家居门店的业务人员，案例故事还原场景教你成为好导购	**10步成为最棒的建材家居门店店长** 徐伟泽　著	梳理店长管理的核心工作职责，店面管理规范和帮助销售人员成长
建材家居门店销量提升 贾同领　著	9个板块讲述建材门店一个单店如何做到经营的良性循环	**总部有多强大，门店就能走多远** IBMG集团　著	五大方向综合阐述连锁零售企业总部如何提升管理能力
赚不赚钱靠店长，从懂管理到会经营 孙彩军　著	注重专卖店的经营思路拓展，门店管理细节方面能力提升	**新医改了，药店就要这样开** 尚　锋　著	从药店定位的思考，内部和会员管理等几个方面探讨中小型药店发展方向
门店管理			
电商来了，实体药店如何突围 尚　锋　著	新时代药店经营三驾马车：药学专业服务、会员贴心服务和精准定向促销	**引爆药店成交率1：店员导购实战** 范月明　著	药店人的零售工作怎样接待顾客，完善销售技巧
引爆药店成交率2：药店经营实战 范月明　著	从药店经营角度如何建立改善门店现状的实用标准	**引爆药店成交率：专业化销售解决方案** 范月明　著	从简单的拿药服务到提供多角度的专业解决方案
互联网			
一、互联网转型			
画出公司的互联网进化路线图 李　蓓　著	18个“可以……吗”的问题作为你产品、客户和价值方面的指引牌	**7个转变，让公司3年胜出** 李　蓓　著	企业估值、业务模式、营销、生产制造、客户服务、用户黏性到组织管理7个转变
重生战略移动互联网和大数据时代的转型法则 沈　拓　著	四个重生战略对应四个法则告知传统企业的转型重生之路	**创造增量市场：传统企业互联网转型之道** 刘红明　著	为读者提供了寻找这些互联网的切入点和接触点的具体方法，带来增量市场
互联网+变与不变 本土管理实践与创新论坛　著	61篇精华文章，聚焦传统行业如何互联网+时代转型	**今后这样做品牌** 蒋　军　著	顶层设计、营销创新、产品战略、渠道变革、品牌策略
移动互联新玩法 史贤龙　著	立足现实，剖析新时代背景下的移动互联趋势与热点	**互联网时代的成本观** 程　翔　著	多维组合成本的互联网精神和大数据特征及应用

续表

书名	内容	书名	内容
正在发生的转型升级实践 本土管理实践与创新论坛　著	100 多位本土管理专家当年对最新一年的思考和实践	**1000 铁杆女粉丝** 张兵武　著	如何让普通女性成为忠实追随的铁杆粉丝，磁力点、情感结、甜蜜区、信任圈
混沌与秩序Ⅰ：变革时代企业领先之道 彭剑锋　施　炜 苗兆光　王祥伍 孙　波　夏惊鸣	新环境下企业面临变革应如何应对，作为企业家又应当如何坚守并与企业共同成长提出了深度思考	**混沌与秩序Ⅱ：变革时代管理新思维** 彭剑锋　施　炜 苗兆光　王祥伍 孙　波　夏惊鸣	对处于时代变革下的企业管理新机制、人力资源管理新思维，组织与人的新型关系，结合案例提出优化建议
消费升级：实践·研究 本土管理实践与创新论坛　著	从经营、管理、行业三个方面记录消费升级下的实践	**互联网精准营销** 蒋　军　著	互联网时代整体策划、包装品牌和产品
二、抖音、微信微商、电商			
抖音营销系统 刘大贺　著	抖音系统的实战营销知识，上百个从 0 做大的案例	**金牌微商团队长** 罗晓慧　著	微商团队长创业实操的指导工具书
微商生意经：真实再现 33 个成功案例操作全程 伏泓霖　罗晓慧　著	精心挑选的 33 个微商成功案例，阐述具体操作过程	**快速见效的企业微信营销方法** 孙　巍　著	站在微信生态的立体高度系统讲述企业微信快营销方法论
阿里巴巴实战运营：14 招玩转诚信通 聂志新　著	产品定位、阿里巴巴排名因素、数据分析，标题优化等如何做好阿里巴巴	**阿里巴巴实战运营 2：诚信通热卖技巧** 聂志新　著	打开诚信通运营的金钥匙，10 大具体运营技巧
三、行业新营销			
餐饮新营销 杨　勇　程绍珊　著	聚焦餐饮企业转型，系统的餐饮企业营销管理体系	**新零售进化路径** 李政权　著	预先复盘新零售及商业的未来，找到方向
珠宝黄金新营销 崔德乾　著	珠宝业新营销/新品牌/新产品/新零售/新连接/新场景/新服务/新传播/新管理	**新经销：新零售时代教你做大商** 黄润霖　著	探访近 100 位经销商在传统营销手法上的创新，传统营销微创新和新营销本地化
新零售动作分解与实操：建材·家居·家具 盛斌子　著	对泛家居行业趋势、店面管理、团队管理、促销推广、五感营销等提供策略	**新营销** 刘春雄　著	让品牌商和渠道商掌握获得独立流量的能力，能够与平台商博弈
快速见效的企业网络营销方法　B2B　大宗 B2C 张　进　著	数据和案例 90% 来自作者服务的中小企业，快速全面地学习企业网络营销方法	**移动互联下的超市升级** 联商网专栏　著	超市未来的发展趋势，对社区超市、生鲜、全渠道建设、O2O 等提出观点
百货零售全渠道营销策略 陈继展　著	零售行业的竞争重点、行业本质，战略转型、未来趋势、经验和案例	**互联网时代的银行转型** 韩友斌　著	银行业在互联网金融变革浪潮中所做的积极应对和转型布局
触发需求：互联网新营销样本·水产 何足奇　著	通过鲜誉案例解读阐述水产行业如何进行互联网转型	**新农资如何弯道超车** 刘祖轲　著	从农业产业化、互联网转型、行业营销与经营突破四个方面阐述农资企业转型

续表

书名	内容	书名	内容
新零售　新终端 迪智成　著	将新零售系统打法做梳理并落地在新终端建设上		
医药医疗			
一、药店			
新医改了，药店就要这样开 尚　锋　著	从药店定位的思考，内部和会员管理等几个方面探讨中小型药店发展方向	电商来了，实体药店如何突围 尚　锋　著	新时代药店经营三驾马车：药学专业服务、会员贴心服务和精准定向促销
引爆药店成交率1：店员导购实战 范月明　著	药店人的零售工作怎样接待顾客，完善销售技巧	引爆药店成交率2：药店经营实战 范月明　著	从药店经营角度如何建立改善门店现状的实用标准
引爆药店成交率：专业化销售解决方案 范月明　著	从简单的拿药服务到提供多角度的专业解决方案		
二、药品销售			
医药第三终端：从控销到动销　诊所　基层医疗 王祥君　张芳文　著	用大量案例来梳理药企落地动销的策略、方法和技战术	医药营销：诊所开发维护与动销 张江民　著	从六个方面系统阐述基层诊所市场营销攻略
处方药合规推广实战宝典 赵佳震　著	对处方药推广体系搭建、推广人员岗位内容等六个方面进行阐述	医药代理商经营全指导 戴文杰　著	从产品选择、价格体系设计、路径管理等维度描述代理商产品操作的基本策略
处方药零售这样做 田　军　著	处方药零售的重要性及做市场的具体措施和方法	OTC 医药代表药店开发与维护 鄢圣安　著	一位从初级 OTC 医药销售代表成长起来的销售经理的经验分享
OTC 医药代表药店销售36计 鄢圣安　著	以《三十六计》为线，写 OTC 医药代表向药店销售的一些技巧与策略		
三、药企转型			
药企战略·运营与医药产业重构 杜　臣　著	对医药产业的深度认知与发展趋势结合，战略思考与经营操作相统一	医药行业大洗牌与药企创新 林延君　沈　斌　著	围绕着创新介绍医药行业，介绍近百家医药企业创新实践案例
医药新营销 史立臣　著	从药企最关心的八个方面阐述制药企业、医药商业企业营销模式转型	医药企业转型升级战略 史立臣　著	商业模式转型、管理转型、定位转型、运营模式转型和跨界转型五方面阐述转型
新医改下的医药营销与团队管理 史立臣　著	立足新医改相关政策的解读，为中小医药企业出谋划策	在中国，医药营销这样做 段继东　著	时代方略在医药营销领域思想、方法文章的精选合集
四、新医疗			
成为医疗器械领军者 王　强　著	中小型医疗器械生产企业和代理商怎样转型	新型诊所经营与创新 动脉网　著	对新型诊所从标准化管理、经营方式、团队建设、连锁模式四个方面进行解读

续表

书名	内容	书名	内容
医美新风口：颜值经济下的亿万市场 动脉网　著	详细介绍中国医疗美容行业的发展趋势，现状以及医美产业链等	互联网医院：正在发生的医疗新变革 动脉网　著	介绍互联网医院的建设与运营、管理，发展模式和市场布局，以及发展规律
快消品			
一、快消案例			
中国快消品营销这些年 史贤龙　著	一本书浓缩快消品营销15年的实战历程与前沿思考	这样打造大单品 迪智成　著	通过13个大案例帮助企业梳理打造大单品的路径
你不知道的加多宝 曲宗恺　牛玮娜　著	以时间为轴线，详细叙述了加多宝品牌的发展历程	娃哈哈区域标杆 罗宏文　快车君 赵晓萌　寇尚伟	讲娃哈哈豫北市场如何成为娃哈哈全国第一大市场、全国增量第一的市场
六个核桃凭什么从0过100亿 张学军　著	全视角深度解读养元企业的裂变成长，复盘十年蜕变轨迹	像六个核桃一样 王　超　著	六个核桃为什么卖得这么好，产品畅销的6大要义36条简明法则
5小时读懂快消品营销 陈海超　著	20年快速消品市场风云洞察解码，丰富的案例解析		
二、快消品区域经理			
快消品营销团队管理 刘　雷　伯建新　著	快消品团队管理相关的20余个工具+20余个案例	这样打造快消品区域标杆 罗宏文　牛玉龙　著	分为两篇解决如何成功打造标杆市场和进行持续增量管理两大问题
成为优秀的快消品区域经理（升级版） 伯建新　著	作为区域经理的“速成催化器”，升级版增加11篇内容	快消老手都在这样做：区域经理操盘锦囊 方　刚　著	一线成长起来的资深快消品营销人“压箱底”绝活亲囊而授
快消品营销人的第一本书 刘雷　伯建新　著	针对一线厂家业务员工作中常遇到的问题给予建议	销售轨迹：一位快消品营销总监的拼搏之路 秦国伟　著	一个普通营销人的故事，16年背井离乡的职场拼搏之路
快消品营销：一位销售经理的工作心得2 蒋　军　著	从市场操作、团队管理、传播推广、营销的具体策略和战略等方面提供方法		
三、快消品动销			
动销：产品是如何畅销起来的 余晓雷　著	怎么被消费者买走和竞争对手是谁这两个原点解决动销问题	动销操盘：节奏掌控与社群时代新战法 朱志明　著	用七个章节阐述关于动销操盘的要诀，节点、节奏、主次、条件匹配性等问题
动销四维：全程辅导与新品上市 高继中　著	从产品、渠道、促销和新品上市四个方面详细讲解提高动销的具体方法		
四、快消品渠道			
深度分销 施　炜　著	流道价值链、模式选择、渠道策略与管理、零售经销商管理、最佳实践、团队建设	通路精耕操作全解周俊 陈小龙　著	对康师傅制胜法宝通路精耕进行系统介绍与说明，图表和完善入微的操作方法

续表

书名	内容	书名	内容
酒水饮料快消品餐饮渠道营销手册 朱伟杰　著	对餐饮渠道深入挖掘，建立适合餐饮渠道发展的服务模式和组织保障措施	快消品经销商如何快速做大 杨永华　著	经销商如何通过经营实现规模，通过管理实现规模效益
快消品营销与渠道管理 谭长春　著	解决日常涉及的渠道管理、市场、产品等营销事务	快消品招商的第一本书 刘　雷　著	从招商理论到招商动作进行系列化分解，化繁为简
采纳方法：化解渠道冲突 朱玉童　著	21 个最新的渠道冲突案例立体地介绍渠道冲突的现象和方法		
五、快消品企业战略			
重构：快消品企业重生之道 杨永华　著	从战略，品牌，市场，产品，营销，系统，管理 7 个方面进行重构	变局下的快消品实战策略 杨永华　著	从 5 个角度针对快消品企业如何应对行业变局给出答案
新营销 刘春雄　著	让品牌商和渠道商掌握获得独立流量的能力，能够与平台商博弈	采纳方法：破解本土营销 8 大难题 朱玉童　著	破解困扰营销人的八大难题变给出解决方法
白酒营销培训宝典：复制高业绩 刘孝鞅　著	总结白酒营销人员系统运作市场的要点，转化为易学可复制的动作和工具表单	酒水饮料快消品餐饮渠道营销手册 朱伟杰　著	对餐饮渠道深入挖掘，建立适合餐饮渠道发展的服务模式和组织保障措施
白酒营销的第一本书 唐江华　著	多角度阐释白酒一线市场操作的最新模式和方法	白酒经销商的第一本书 唐江华　著	经销商如何选择厂家、合作、运营品牌等问题给建议
白酒到底如何卖 赵海永　著	多角度地阐释了白酒一线市场操作的最新模式和方法	白酒到底如何卖 2：从市场培育到动销 赵海永　著	系统化、标准化、模式化的促成动销的实战操作方式和方法
变局下的白酒企业重构 杨永华　著	白酒企业重构期的营销战略与实操策略 6 大方法	酒业转型大时代 微　酒　著	酒水营销、新闻资讯及行业分析、预测的知识宝典
区域型白酒企业营销必胜法则 朱志明　著	以 36 条法则从战略、营销、推广、产品线、品牌、市场、战术、等方面提供方法	10 步成功运作白酒区域市场 朱志明　著	从市场攻守、产品攻略、新品上市、占领渠道、促销等十个层面阐述
茶·调味品·油·乳业			
营销中国茶：2 小时读懂茶叶营销 史贤龙　著	中国茶营销的“困局”“破局”和“创举”	中国茶叶营销第一书 柏　龑　著	纵览中国茶叶市场的全局，并且有针对性地提出问题并阐述解决方法
调味品营销第一书 陈小龙　著	15 年监控中国市场 50 个中外著名调味品品牌市场运作、管理等得到的经验总结	调味品企业八大必胜法则 张　戟　著	提炼了调味品企业八大规律性的关键成功要素
食用油营销的第一本书 余　盛　著	从小包装油行业概述到产品的基本知识，从基本执行动作到品牌整体策划等	鲁花：一粒花生撬动的粮油帝国 余　盛　著	鲁花如何成长为优秀的带动农业产业发展的品牌，鲁花你一定学得会

续表

书名	内容	书名	内容
金龙鱼背后的粮油帝国 余　盛　著	以金龙鱼为脉的一部中国粮油行业的史诗	**乳业营销的第一本书** 侯军伟　著	区域型乳品企业如何才能够稳健的发展
工业品			
一、工业品销售			
大客户销售这样说这样做 陆和平　著	大客户销售活动的十大模块，68个典型销售场景	**销售是个专业活　B2B** 陆和平　著	据客户采购流程拆分销售过程10阶段，讲解方法技巧
成为资深的销售经理：B2B　工业品 陆和平　著	让销售经理成功把握销售管理6个关键点，并提供工具	**一切为了订单：订单驱动下的工业品营销实践** 唐道明　著	以订单流程的三个环节为主线讲述工业品营销管理新思路
二、工业品营销			
工业品营销管理实务(第4版) 李洪道　著	是信任导向工业品营销体系的深化版、工业品营销管理体系优化咨询升级版	**工业品企业如何做品牌** 张东利　著	为当下中国制造的品牌化转型提供经过实践证明的理念、方法和体系
工业品市场部实战全指导 杜　忠　著	解决职能不清、市场部五大职能如何运作、职业发展路径等具体问题	**解决方案营销实战案例** 刘祖轲　著	十大工业品作者实操案例解码解决方案营销
资深大客户经理：策略准　执行狠 叶敦明　著	将大客户经理必须具备的规划、策略、执行三种能力连通自如		
三、工业品企业			
变局下的工业品企业7大机遇 叶敦明　著	探索工业品企业成长的新机会，7大战略与战术性机会	**两化融合管理体系贯标流程与方法** 戴　勇　著	融合五十多家企业在两化融合贯标过程的经验，总结重点与举措
丁兴良讲工业4.0 丁兴良　著	多角度阐述中国在工业4.0的机遇和挑战		
建材家居			
一、建材家居门店			
家居建材促销与引流 薛　亮　李永锋　著	对泛家居营销执行模式和工具、关键环节等进行汇总	**新零售动作分解与实操：建材·家居·家具** 盛斌子　著	对泛家居行业趋势、店面管理、团队管理、促销推广、五感营销等提供策略
家具行业操盘手 王献永　著	总结家具终端门店发展的现状及问题并给出策略	**手把手教你做专业督导** 熊亚柱　著	系统梳理督导的核心技能，岗位职责、工作流程及技能
手把手帮建材家居导购业绩倍增 熊亚柱　著	针对建材家居门店的业务人员，案例故事还原场景教你成为好导购	**10步成为最棒的建材家居门店店长** 徐伟泽　著	梳理店长管理的核心工作职责，店面管理规范和帮助销售人员成长
建材家居门店销量提升 贾同领　著	9个板块讲述建材一个单店如何做到经营的良性循环	**建材家居门店6力爆破** 贾同领　著	产品力、导购力、形象力、推广力、服务力、组织力
二、建材家居经销商			
新经销：新零售时代教你做大商 黄润霖　著	探访近100位经销商在传统营销手法上的创新，传统营销微创新和新营销本地化	**建材家居经销商42章经** 王庆云　著	经营管理的心法和战法，帮助经销商成为“业务妙手”和“管理能手”

续表

书名	内容	书名	内容
成为最赚钱的家具建材经销商 李治江　著	针对建材家居行业的经销商，从销售模式、产品、门店、市场等方面给出方法		
三、建材家居企业			
定制家居黄金十年 韩　锋　翁长华　著	对中国定制家居行业20年发展历程深度、系统、专业的解读	建材家居营销：除了促销还能做什么 孙嘉晖　著	探索家居建材行业营销的革命，回顾和思考来发现行业“营销天花板”的突破口
建材家居营销实务：新环境、新战法 程绍珊　杨鸿贵　著	针对建材家居市场特点提出以客户价值为基础的整体营销价值链		
零货·超市·百货			
新零售进化路径 李政权　著	预先复盘新零售及商业的未来，找到方向	新零售　新终端 迪智成　著	将新零售系统打法做梳理并落地在新终端建设上
移动互联下的超市升级 联商网　著	超市未来的发展趋势，对社区超市、生鲜、全渠道建设、O2O等提出观点	百货零售全渠道营销策略 陈继展　著	零售行业的竞争重点、行业本质，战略转型、未来趋势、经验和案例
超市卖场定价策略与品类管理 IBMG集团　著	零售企业的市场拓展与商品定位、商品结构与商品陈列、毛利分析与库存分析	连锁零售企业招聘与培训破解之道 IBMG集团　著	围绕零售企业组织架构、培训体系建设等内容进行深刻探讨
总部有多强大，门店就能走多远 IBMG集团　著	五大方向综合阐述连锁零售企业总部如何提升管理能力	三四线城市超市如何快速成长：解密甘雨亭 IBMG集团　著	甘雨亭的许多关键经营指标均高于行业标准，学习其成功的方法
中国首家未来超市：解密安徽乐城 IBMG集团　著	对乐城超市的掌门人及内部员工的采访详细阐释了乐城的经验	零售：把客流变成购买力 丁　昀　著	通过大量的实际案例对中国零售业态的升级转型之路提出思考
餐饮·服装·影院			
餐饮新营销 杨　勇　程绍珊　著	聚焦餐饮企业转型，系统的餐饮企业营销管理体系	电影院的下一个黄金十年 李保煜　著	介绍了中国电影产业的运作模式以及电影院的开发、设计思路
餐饮企业经营策略第一书 吴　坚　著	阐述餐饮企业产品之道、市场之道、顾客之道及盈利之道	赚不赚钱靠店长，从懂管理到会经营 孙彩军　著	注重专卖店的经营思路拓展，门店管理细节方面能力提升
农牧业			
一、农资			
饲料营销有方法 陈石平　著	饲料营销的7大核心命题	农资营销实战全指导 张　博　著	深度营销在农资市场行之有效的营销策略和工具
新农资如何弯道超车 刘祖轲　著	从农业产业化、互联网转型、行业营销与经营突破		

续表

书名	内容	书名	内容
二、农牧企业			
中国牧场管理实战 黄剑黎　著	牧场管理标准、管理制度、操作规程做出剖析和指引	中小农业企业品牌战法 韩　旭　著	农业企业需要全产业链视野，更需要品牌实战方法
变局下的农牧企业 9 大成长策略 彭志雄　著	为农牧企业量身打造了 9 个立足现在、展望未来的成长策略	农产品营销实战第一书 胡浪球　著	针对 33 个农产品营销的核心问题提供具体招数
地产·汽车			
一、地产			
中国城市群房地产投资策略 吕俊博　刘　宏　著	挖掘主要城市群的现状特征、发展因子、演化趋势、竞争关系等，给出分析建议	产业园区/产业地产：规划、招商、实战运营 阎立忠　著	认知、规划、招商、运营四方面系统解读产业园区的建设精要和运营技巧
人文商业地产策划 戴欣明　著	"全球化视野（创意）" + "人文 +" 思维		
二、汽车			
商用车经销商运营实战 杜建君　著	对商用车经销商的经营与管理、4S 店运营做了全方面的系统总结	汽车配件这样卖 俞士耀　著	适合轮胎、机油、维修、快保、美容、洗车等汽车服务业态销售实操办法
润滑油销售：这样说，这样做更有效 张金荣　著	总结润滑油销售面对三大客户常遇到的 200 余个营销问题解决方法		
投资理财·收购资本			
交易心理分析 马克·道格拉斯 【美】　著	一语道破赢家的思考方式，并提供了具体的训练方法	财报背后的投资机会 蒋　豹　著	零基础轻松掌握财务报表的相关知识，快速入门
写给企业家的公司与家庭财务规划 周荣辉　著	以企业的发展周期为主线，写各阶段企业与企业主家庭的财务规划	分股合心 段　磊　周　剑　著	围绕股权激励，详细介绍相关知识和实行方法
成功并购 300 问 浩德并购军师联盟　著	系统学习资本运作和企业并购知识的金融工具书	并购名著阅读指南 叶兴平　著	全球 5000 多本并购图书中精选 200 本并进行评价
阿米巴			
阿米巴经营的中国模式 李志华　著	基于阿米巴经典理念提出了适合中国本土的员工自主经营的"1532"模型	集团化企业阿米巴实战案例 初勇钢　著	作者在某酒厂推行阿米巴经营模式的心得
中国式阿米巴落地实践之激活组织 胡八一　著	划分原则、裂变与整合、组织管控、重新定位、巴长竞聘和组阁	中国式阿米巴落地实践之从交付到交易 胡八一　著	从 6 个方面阐述经营会计，从交付到交易是成功实施阿米巴的标志
中国式阿米巴落地实践之持续盈利 胡八一　著	企业做平台、平台做成阿米巴、阿米巴做成合伙制		

续表

人力资源管理			
一、绩效·薪酬			
书名	内容	书名	内容
回归本源看绩效 孙　波　著	从目的和概念帮助企业梳理绩效管理与经营的关系	走出薪酬管理误区 全怀周　著	7个常见薪酬误区入手为企业提供一套系统解决方法
曹子祥教你做绩效管理 曹子祥　著	作者核心授课课程的还原，掌握绩效管理的核心内容	曹子祥教你做激励性薪酬设计 曹子祥　著	作者28年咨询经验总结，如何进行科学的薪酬体系设计
二、招聘·面试·培训			
把招聘做到极致 远　鸣　著	多年人力资源资深招聘经理多年工作心得提炼	把面试做到极致 孟广桥　著	一套实用的确定岗位招聘标准、提升面试官技能方法
人才评价中心漫画版 邢　雷　著	用漫画形式写成的人才测评专业书籍	世界500强资深培训经理人教你做培训管理 陈　锐　著	从构建培训体系、培训组织、培训文化、开发培训资源教你做培训管理
三、HR高管·劳动法			
经营型HRD 黄渊明　著	总结企业HRD如何支撑企业经营成功抓好七件关键事情	人才供应链：实现高绩效均衡的人才管理模式 许　锋　著	打造人才供应链的四大支柱，十项修炼的完整体系
新任HR高管如何从0到1 新　海　著	到互联网创业型企业担任HRVP，从0到1建立较完善的HR体系	人力资源体系与e－HR信息化建设 刘书生　陈　莹 王美佳　著	6大框架、28个关注点、5大目标、6大优势、166个交付物咨询体系和盘托出
集团化人力资源管理实践 李小勇　著	针对集团型企业人力资源管理急问题，提出科学建议	我的人力资源管理笔记 张　伟　著	第三方咨询视角跳出“技术方法”看人力资源管理
人力资源的5分钟劳动法 李皓楠　著	入职管理、在职管理、离职管理中遇到的劳动法问题及应对		
四、HRBP			
HRBP是这样炼成的之菜鸟起飞 黄渊明　著	作者在初步转型HRBP两年时间里摸索实践的亲身经历与总结	HRBP是这样炼成的之中级修炼 黄渊明　著	结合作者亲身从事HRBP的工作经历，总结HRBP的作战故事
HRBP高级修炼 黄渊明　著	故事方式，HRD角度深度呈现运用HRBP的思维、方法		
企业文化			
企业文化落地本土实践 王祥伍　著	华夏基石“知信行”模型描绘企业文化落地路线图	企业文化的逻辑 王祥伍　著	从文化起源深刻剖析文化、效率、企业、企业文化联系
企业文化定位·落地一本通 王明胤　著	企业文化理念传播和落地聚焦的17种方法，解读了近100个实战案例	36个拿来就用的企业文化建设工具 海融心胜　著	汇集整理了36个通用的企业文化实践工具

续表

书名	内容	书名	内容
企业文化激活沟通 宋杼宸　安　琪　著	系统阐述沟通与企业文化的关系，给予企业提升沟通效能的企业文化解决方案	**企业文化建设超级漫画版** 邢　雷　著	用漫画形式写成的企业文化建设专业书籍，理论体系和29个具体的操作方法
在组织中绽放自我 朱仁建　著	个人与组织之间的关系，文化对组织化形成的影响		
流程管理			
营销·研发·供应链业务架构与流程管理 谭勋晖　著	对营销、研发、供应链这三大业务流程变革实践经验总结	**打造集成供应链** 王春强　著	第一用力在“集成”上，梳理内外部各相关模块及其依赖关系
人人都要懂流程 金国华　余雅丽　著	50幅流程管理漫画，内部对流程价值理念的高度共识	**用流程解放管理者** 张国祥　著	8个板块构成，共66篇文章，14幅流程管理图
用流程解放管理者2 张国祥　著	对中小企业规范化流程管理进行系统的阐述	**跟我们学建流程体系** 陈立云　罗均丽　著	在《跟我们做流程管理》基础上丰富了标杆实践案例
16949质量管理体系落地与全套文件汇编 谭洪华　著	对IATF16949每个条款讲解采用理解、作用、落地、模板、成功案例四个模块解析	**ISO9001：2015制造业文件模板全集** 贺红喜　著	五篇内容组成的完整的质量管理体系工具文件
精益质量管理实战工具 贺小林　著	四个方面对精益质量管理进行了全方位介绍和解读，并提供大量方法工具	**五大质量工具详解及运用案例** 谭洪华　著	APQP、FMEA、MSA、SPC、PPAP这五大质量工具的具体运用
IATF16949质量管理体系详解与案例文件汇编 谭洪华　著	针对IATF16949的标准原文做详细解说，同时提供大量表单案例	**SA8000：2014社会责任体系认证实战** 吕　林　著	将SA8000多版本及10多年的体系实战经验汇编成书
ISO9001：2015新版质量管理体系解读与案例文件汇编 谭洪华　著	ISO9001：2015新版标准理解和运用操作进行详细解读	**ISO14001：2015新版环境管理体系解读与案例文件汇编** 谭洪华　著	ISO14001：2015改版后的差别和操作运用进行详细讲解
精益生产			
一、精益·JIT·IE			
精益思维 刘承元　著	作者二十余年企业经营和咨询管理的经验总结	**比日本工厂更高效** 刘承元　著	管理提升无极限+超强经营力+精益改善里的成功实践
计划与物流精益改善之道 于晓光　著	围绕“计划与物流战略咨询的方法论”进行解析，提供方法论和案例	**300张现场图看懂精益5S** 乐　涛　著	通过日本丰田、上市企业案例，用300张现场图系统讲解5S管理
3A顾问精益实践1：IE与效率提升 党新民　苏迎斌 蓝旭日　著	系统、全面地介绍IE工厂管理技术，提高效率创造价值	**3A顾问精益实践2：JIT与精益改善** 肖智军　党新民　著	系统、全面地介绍JIT生产方式，并加入实践案例
高员工流失率下的精益生产 余伟辉　著	从三方面论述推行精益管理时如何应对员工流失		

续表

书名	内容	书名	内容
二、生产管理			
化工企业工艺安全管理实操 黄　娜　著	围绕化工工艺安全14要素来展开分析	手把手教你做专业生产经理 黄　娜　著	生产经理如何在信息流、物流、资金流三大流中开展工作
欧博心法：好工厂　靠管理 曾　伟　著	从管人篇和管事篇帮助读者解决人难管、事难控	欧博工厂案例1：生产计划管控对话录 曾　伟　曾子豪　著	工厂管理生产计划管控模块的8个全景细节大案例
欧博工厂案例2：品质技术改善对话录 曾　伟　曾子豪　著	工厂管理品质、技术、效率管理模块的10个全景细节大案例	欧博工厂案例3：员工执行力提升对话录 曾　伟　曾子豪　著	工厂管理人员管控模块的5个全景细节大案例
工厂管理实战工具 曾　伟　著	中国传统文化指导下的工厂管理工具		
全能型班组：城市能源互联网与电力班组升级 国网天津电力公司　著	从互联网时期的班组转型升级出发，对新型班组组织模式和运行机制进行设想	国网天津电力全能型班组建设实务 国网天津电力公司　著	聚焦天津电力公司在探索全能型班组转型升级时的优秀实践
车间人员管理那些事儿 岑立聪　著	小事入手把基层车间管理者头疼的事务打包解决		
咨询·培训师			
培训师事业长青之道 廖信琳　著	培训师自我管理的“洋葱模型”，十项内容与五个层级	管理咨询师的第一本书 熊亚柱　著	深度剖析初级入行咨询师在工作中会遇到的问题
资深管理咨询顾问工作心得 张国祥　著	使用手册讲述咨询师如何操作项目，老板如何选择咨询师，企业如何自主落地	手把手教你做顶尖企业内训师 熊亚柱　著	从开、控、收、编、制、用的角度去践行培训师的职责
TTT培训师精进三部曲上 廖信林　著	手把手教您“深度改善现场培训效果”的一招一式	TTT培训师精进三部曲中 廖信林　著	建构一整套培训课程设计与开发的认知架构和方法体系
TTT培训师精进三部曲下 廖信林　著	通过“沉淀职业功力的六度模型”，帮助培训师在职业技能上的持续精进		
产品·研发			
研发体系改进之道 靖　爽　陈年根 马鸣明　著	取材数十家企业研发改进的咨询实践，提炼一套实操的改进步骤与工具	新产品开发管理，就用IPD（升级版） 郭富才　著	把产品经营的思想凝结在新产品开发管理机制中，升级版更丰富
产品开发管理：方法·流程·工具 任彭枞　著	结合超过300家企业的实际研发管理方法，总结问题和方法，大量表格	资深项目经理这样做新产品开发管理 秦海林　著	采用过程管理方法，对新产品开发的四大过程进行分析，主要针对小电器产品
产品炼金术Ⅰ：如何打造畅销产品 史贤龙　著	如何打造畅销产品的四个方法	产品炼金术Ⅱ：如何用产品驱动企业成长 史贤龙　著	经营者视角重新认识产品，对产品现状快速诊断
中东历史与现状二十讲 黄民兴　著	对中东几千年的历史和动荡的现状进行了一个白描	非暴力抵抗的诞生 甘　地　著	甘地南非21年为印度侨民争取政治权利的艰苦历程

续表

书名	内容	书名	内容
中国古代政治制度上：皇帝制度与中央政府 刘文瑞　著	探究中国古代政治制度的规则和机制，论证古代皇帝制度的形成和演变历程	中国古代政治制度下：地方体制与官僚制度 刘文瑞　著	探究中国古代政治制度的规则和机制，论证古代地方政府的发展演变过程
两晋南北朝十二讲 李文才　著	分12个专题对两晋南北朝的历史进行阐述	每个中国人身上的春秋基因 史贤龙　著	透过真实的春秋历史，看到人性里的黑暗与光明、卑劣与高尚
二、哲学			
车过麻城·再晤李贽 张再林　著	用游记的方式，展示李贽独到的学术眼力和理论建树	王阳明万物一体论 陈立胜　著	“万物一体”是王阳明思想的基本精神。大人者，能与天地万物为一体
自我与世界：以问题为中心的现象学运动研究 陈立胜　著	对现象学运动之中的“意向性”“自我”“他人”“身体”及“世界”进行深入分析	作为身体哲学的中国古代哲学 张再林　著	对中国古代哲学之性质内容给予一种全新的理论解读
中西哲学的歧义与汇通 张再林　著	揭示中西哲学“你中有我，我中有你”之旨		
三、传统文化			
与老子一起思考·道篇 史贤龙　著	一本将《老子》思想本义、思想价值、思想史地位、文明史意义讲透的著作	与老子一起思考·德篇 史贤龙　著	考、释、译、论四个方面的工作对《老子》进行解读
国富策：读管子知天下财富 翟玉忠　著	《管子》轻重十六篇为核心的轻重术，深刻阐发并从中汲取有益时代的经验教训	说服天下：鬼谷子的中国沟通术 翟玉忠　著	为纵横家正名，对纵横术进行了系统总结
中国商道 翟玉忠　著	对中国先秦和明清时期商业典籍系统整理和诠释	梁涛讲孟子之万章篇 梁　涛　著	对《万章》的讲解通俗、富有新意
中国思想文化十八讲 张茂泽　著	中国宗教文化课程10年基础上撰写而成，介绍中国古代宗教思想	孔门心法，中道而行：史幼波中庸讲记 史幼波　著	史幼波讲的《中庸》提炼出中华传统心性之学的精髓
大学之道，圣学纲目：史幼波大学讲记 史幼波　著	史幼波讲的《大学》帮助我们在自己身上找到一个精神的皈依处	史幼波《周子通书》《太极图说》讲记 史幼波　著	根据史幼波围绕这两篇儒学经典的系列讲座整理而成
四、书法·太极·教育·英语			
跟陈忠建学写名家书法Ⅰ 陈忠建　著	用视频跟陈忠建学名家书法之楷书·行书	跟陈忠建学写名家书法Ⅱ 陈忠建　著	用视频跟陈忠建学名家书法之隶书·楷书·行书
郑子太极拳理拳法 杨竣雄　著	作者14岁入郑子太极之门，用故事性的方式讲述教学	内功太极拳训练教程 王铁仁　著	训练方法及练习，用内气演练过程予以详析，有视频
别让你的执着毁了孩子 廖信林　著	复盘与孩子互动过程中的关键时刻，有效的亲子教育	像美国人一样讲话 马方旭　著	美国最常用的800句习惯用语搭配场景例句，有视频